新时代生态产品价值实现机制
理论与实践探索

● 王利伟 著

Theoretical and Practical Exploration of Mechanism
for Realizing the Value of Ecological Products
in the New Era

中国城市出版社

前　言

　　新时代建立健全中国特色的生态产品价值实现机制，是贯彻落实习近平生态文明思想的重要举措，是践行"绿水青山就是金山银山"理念的关键路径和从源头上推动生态环境领域国家治理体系和治理能力现代化的必然要求。新时代建立中国特色的生态产品价值实现机制必须具有符合自身国情特点和发展阶段需求的科学理论指导并开展大量实践探索。

　　本书在系统梳理生态产品价值实现机制的概念、路径选择并回顾历程的基础上，以习近平生态文明思想为指导，以构建人与自然和谐共生的现代化为战略目标，以生态产品调查监测机制、生态产品价值评价机制、生态产品经营开发机制、生态产品保护补偿机制、生态产品价值实现保障机制、生态产品价值实现推进机制为核心，构建了具有中国特色的生态产品价值实现机制理论体系，以期能够对推进我国新时代生态产品价值实现提供理论支撑。

　　本书聚焦党的十八大以来，尤其是2021年中共中央办公厅、国务院办公厅印发实施《关于建立健全生态产品价值实现机制的意见》以来的生态产品价值实现机制的实践案例，发现我国生态产品价值实现机制已经搭建起了"四梁八柱"的顶层设计，不少配套政策文件纷纷出台，首批国家生态产品价值实现机制试点印发实施，生态产品价值实现机制迈入全面发力阶段。为了准确把握新时代我国生态产品价值实现机制的进展情况，从区、市、省、流域四个层面选取北京市密云区、浙江省丽水市、云南省、新安江流域四个案例，采取实地调研、横向比较、文献梳理等方法，及时总结梳理我国生态产品价值实现机制取得的实践经验，系统研判我国生态产品价值实现机制面临的突出问题和深层次矛盾挑战，在此基础上，有针对性地提出高水平建立健全我国新时代生态产品价值实现机制的对策和政策建议。

生态产品价值实现机制是一项复杂的系统工程，涉及面广，内容庞杂，囿于作者水平、资料和时间限制，本书难免存在许多不足之处，敬请广大读者批评指正！

目　录

上篇 /

中国特色生态产品价值实现机制的理论体系

　　新时代建立健全具有中国特色的生态产品价值实现机制，是贯彻落实习近平生态文明思想的重要举措，是践行"绿水青山就是金山银山"理念的关键路径，是从源头上推动生态环境领域国家治理体系和治理能力现代化的必然要求。新时代生态产品价值实现机制需要科学理论支撑，必须从根上厘清生态产品价值的相关概念、分类特点、发展历程和理论基础，以习近平生态文明思想为指导，以构建人与自然和谐共生的现代化为战略目标，以生态产品调查监测机制、生态产品价值评价机制、生态产品经营开发机制、生态产品保护补偿机制、生态产品价值实现保障机制、生态产品价值实现推进机制为核心，构建具有中国特色的生态产品价值实现机制理论体系。

第一章

生态产品价值机制的
相关概念特征

厘清生态产品价值实现机制相关概念内涵及其特征，是开展生态产品价值实现机制研究的前提，通过系统梳理生态产品、生态产品价值、生态产品价值实现机制的概念内涵，可科学界定生态产品价值实现机制的主要特征、构成内容及框架特点。

第一节　生态产品的概念特征

一、生态产品的概念

生态产品概念内涵丰富，具有多要素、多属性和时空动态变化的特征（靳诚，陆玉麒，2021）。任耀武和袁国宝早在1992年就提出过生态产品的概念，他们认为生态产品是指通过生态工（农）艺生产出来的、没有生态滞竭的、安全可靠无公害的高档产品，包括生态食品、生态工业品等。随着我国经济社会发展进程持续推进，人们对生态产品的认识和界定也在不断发生新的变化，但始终没有形成具有共识性的生态产品概念。

（一）生态产品概念的定义

从生态产品概念看，一般认为大致分为两类。一类是狭义层面的生态产品，《国务院关于印发全国主体功能区规划的通知》（国发〔2010〕46号）首次在政府文件中提出了生态产品概念，主要指具有一定产品功能性质的纯自然要素，包括清新的空气、清洁的水源和宜人的气候。张林波等人（2021）认为生态产品是指生态系统生物生产和人类社会生产共同作用提供给人类社会使用和消费的终端产品或服务，包括保障人居环境、维系生态安全、提供物质原料和精神文化服务等人类福祉或惠益，是与农产品和工业产品并列的、满足人类美好生活需求的生活必需品。另一类是广义层面的生态产品，既包括生态系统所包含的生态要素，也包括人们采用生态产业化和产业生态化生产的生态农产品、生态旅游产品等。王金南等人（2021）认为生态产品（Ecological Products）可定义为：生态系统通过生态过程或与人类社会生产共同作用为增进人类及自然可持续福祉提供的产品和服务。当前，生态产品价值实现机制中的生态产品概念主要指广义生态产品内涵，生态产品价值实现的目的是通过市场交易实现"绿水青山"向"金山银山"的转变，从而满足人们日益增长的对优美生态产品服务的需要。

（二）生态产品的类型

从生态产品类型看，划分标准不同导致划分结果不同。张林波等人（2021）依据生态产品的消费特点与价值实现方式将其分为公共性、准公共性和经营性三大类生态产品，其中公共性生态产品包括主要指生态系统为人类提供的自然产品，包括清新空气、洁净水源、安全土壤和清洁海洋等生态环境产品，以及物种保育、气候变化调节和生态系统减灾等维系生态安全的产品，是纯公共的生态产品；准公共性生态产品是一种通过市场机制可实现交易的公共性生态产品，主要包括排污权、碳排放权、取水权、用能权等资源开发权益、总量配额和开发配额等指标，在政府管制产生稀缺性的前提下，公共性生态产品通过市场交易转化为生态商品；经营性生态产品是人类对生态系统提供产品进行生产加工而产生的生态产品，包括农林产品、生物质能、旅游康养产品等，可以通过市场交易实现其价值。刘伯恩（2020）根据生态产品形态将生态产品划分为生态物质产品、生态文化产品、生态服务产品和自然生态产品。曾贤刚等人（2014）根据生态产品的服务范围，从生产供给角度将生态产品划分为全国性、区域性、社区性公共生态产品以及"私人"生态产品。因此，生态产品类型划分要根据生态产品研究和实践目的来进行合理划分，在生态产品价值实现机制研究和实践进程中，根据生态产品价值转化的途径，一般采取公共性、准公共性和经营性生态产品类型的划分方式（王金南等，2021）。

二、生态产品的特征

（一）公共性

公共性是指不具备排他性和竞争性的生态产品，比如气候调节和生命维持类的生态产品等，是人类所必需的自然产品，与文化产品和物质产品并列为支撑人类社会存续的三大产品。因此，生态产品具有公共物品属性（孙庆刚，2015），由全体国民共同享有。

（二）外部性

生态产品的外部性来源于其公共性，是由生态产品的公共物品属性所决定的，人们对其消费并不会排斥和影响其他人的消费，有明显的价值外溢效应（仇晓璐等，2023），生态产品在气候、环境、产品等方面产生的外部效应使其社会效益远超个人所得效益，因此其价值容易被低估（沈辉，李宁，2021）。

（三）地域性

不同地区的气候条件、自然生态、经济社会发展水平及生态产品供需水平存在差异（樊轶侠，王正早，2022），叠加不少生态产品具有不可移动性，造成生态产品具有明显的地域性特征，生态产品的富集程度、供给能力、需求价格等均呈现明显的地区差异性特征。

（四）稀缺性

生态产品尤其是优质生态产品的供给相对有限，但是人们对生态产品的需求却不断增加（赵毅等，2022），所以导致生态产品呈现稀缺性和产权依附性特征。

（五）经济性

经济性是指生态产品能够通过市场交易获得经济价值，因此具有产品属性，能够满足人们的消费和收益需求。王金南等（2021）认为生态产品属于第四产业，具体包括生态产品的生产、经营、交易等各项经济活动。秦国伟、董玮等认为生态产品在具有自然属性的同时还体现经济属性（秦国伟等，2022）。

（六）可再生性

生态产品本质上是生态资源，可以通过自然再生产和社会再生产而具备可再生性，只要消费不超过自身负荷极限，生态产品就能持续不断为人类提供服务。生态系统一旦受到毁灭性破坏，生态产品供给能力也将受到影响而难以恢复（詹琉璐，杨建州，2022）。因此，在生态产品消费过程中，应该注重生态产品可再生性的维护，确保生态产品可持续发展。

第二节　生态产品价值的概念内涵

一、生态产品价值的概念

生态产品价值理论来源于马克思主义劳动价值理论和边际效用价值理论。生态产品价值包括生态产品的经济价值、社会价值和生态价值（于丽瑶等，2019），一般狭义理解为一定时间、空间范围内，生态系统所提供的生态产品的经济价值总量。生态产品包括自然生态产品和劳动生态产品（詹琉璐，杨建州，2022），其中自然生态产品主要指水、林、山、草等自然生态资源，是具有很强稀缺性的自然生态产品，由于具有很强的正外部性导致其使用价值突出，而交换价值不明显，必须先明晰产权，通过产权内部化才能进入生态产品市场实现其交换价值；劳动生态产品是指经过无差别的人类劳动作用于生态资源后，创造的生态产品，包括生态农产品、生态旅游产品等，可直接进入生态产品市场，不仅具有使用价值，还具有突出的交换价值。无论是自然生态产品还是劳动生态产品都必须经过生态产品市场交易才能实现其生态产品经济价值（图1-1）。边际效用价值理论认为物品的价值来源于它的稀缺性

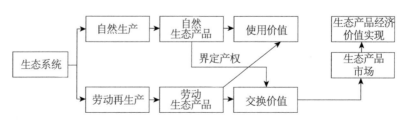

图1-1　生态产品经济价值实现过程

和效用的满足程度，因人类经营活动超过环境容量承受度导致自然资源稀缺，使人们逐步意识到自然资源越来越大的边际效用，生态产品因此具有价值（刘江宜等，2020）。

二、生态产品价值的核算

生态产品价值核算是生态产品价值实现的基础，建立一套适合的生态产品价值核算技术方法体系，可解决生态产品定价问题，从而为生态产品交易提供了支撑（俞敏等，2020）。生态产品所具有的复杂性和生态产品价值的多维性给生态产品价值的准确核算带来很大困难。为了促进生态产品价值实现，政府部门和专家学者一直在积极探索生态产品价值核算技术。2020年生态环境部制定并发布了《陆地生态系统生产总值（GEP①）核算技术指南》，2022年国家发展和改革委员会、国家统计局联合发布《生态产品总值核算规范（试行）》，明确了森林、草地、农田、湿地、荒漠、城市、海洋等不同生态产品价值核算技术方法体系，为各地生态产品价值核算提供了指南。在这些技术规范和相关研究中，直接市场法、代替市场法和模拟市场法常用于生态产品价值核算，其中，直接市场法主要用于市场化程度高的生态产品，代替市场法主要用于半市场化生态产品价值的核算，模拟市场法主要用于市场化水平较低或者尚不具备经济价值的生态产品的价值核算。

---

① GEP，Gross Ecosystem Product，生态产品总值，后同。

第三节 生态产品价值实现机制的概念内涵

生态产品价值实现机制是将生态产品价值通过市场交易转化为经济价值的政策制度体系。生态产品价值实现机制本质上是建立与"生态环境生产力"相适应的新型生产关系（曾贤刚，2020）。刘伯恩（2020）认为生态产品价值实现机制是指坚持"绿水青山就是金山银山""山水林田湖草是生命共同体"的意识，以绿色、低碳、循环、高质量为发展途径，以供给侧结构性改革为主线，以政府主导、市场配置、因地制宜、自我发展为本质特征，尊重自然、顺应自然、保护自然，构建更高质量、更有效率、更加公平、更可持续发展的产业链、生态链、价值链，不断满足人民群众日益增长的优美生态环境需要。不少地方和学者对生态产品价值实现机制进行了有益探索，2021年中共中央办公厅、国务院办公厅印发《关于建立健全生态产品价值实现机制的意见》，提出构建生态产品调查监测机制、生态产品价值评价机制、生态产品经营开发机制、生态产品保护补偿机制、生态产品价值实现保障机制、生态产品价值实现推进机制等生态产品价值实现机制。

第二章

生态产品价值实现的
路径选择

　　建立健全生态产品价值实现路径是高水平可持续提供优质生态产品的关键，生态产品价值实现路径可以划分为政府路径、市场路径和社会路径。不同生态产品的产品特征、产权关系、受益群体、市场价值变现难易程度不同，生态产品价值实现路径相应不同，现提出公共性生态产品、准公共性生态产品、经营性生态产品的价值实现路径（图2-1）。

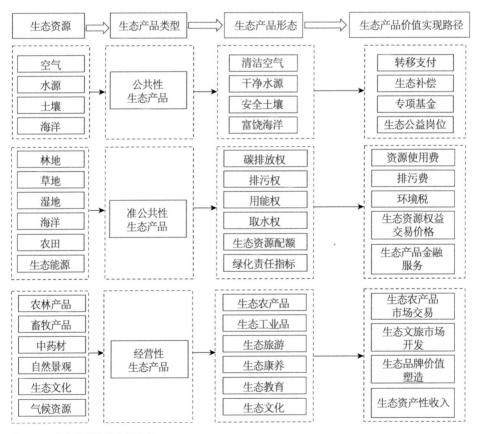

图2-1　生态产品价值实现路径

第一节　公共性生态产品价值实现路径

以清洁空气、干净水源、安全土壤、清洁海洋为代表的公共性生态产品具有很强的外部性特点，受益者是公众，产权是公共的，很难通过市场交易手段实现经济价值（王金南等，2021）。公共性生态产品是人们高品质生活最基础、最重要的组成部分，对于人类文明延续具有重大价值，主要通过承担提供公共服务职能的政府路径实现，即政府提供的转移支付、生态保护补偿、用于生态保护的政府性专项基金、生态公益性岗位支持等。

公共性生态产品价值实现与政府政策导向、区域发展水平、生态功能地位、生态保育水平密切相关。一般来讲，一个国家或区域的发展水平越高，公民对优质公共性生态产品的要求就越高，政府通常就越重视生态环境保护，对公共性生态产品投入力度就越大，公共性生态产品价值就更容易实现。反之，一个国家或区域的发展水平越低，政府往往把发展摆在突出位置，把公共性生态产品摆在多维目标末端，更容易造成严重的生态破坏，公共性生态产品价值难以实现。另外，公共性生态产品与所在区域的生态功能地位和生态保育水平密切相关，一个区域的生态功能地位和生态保育水平越高，公共性生态产品的外部性越强，越容易得到政府层面的转移支付和生态补偿，公共性生态产品的价值越容易实现。

第二节　准公共性生态产品价值实现路径

以排污权、碳排放权、用能权、取水权、碳汇等为代表的准公共性生态产品，由于政府管制和调控配置而造成产品具有很强的稀缺性，因此具有比较强的市场价值，可以通过市场交易和政府补贴实现经济价值。准公共性生态产品价值实现有先决条件，即通常要满足产权明晰、市场稀缺、可精确定量的三个条件（张林波等，2021）。准公共性生态产品价值一般通过资源使用费、排污费、环境税、资源税、耕地占用税等税费形式的政府路径以及生态资源权益市场化交易、生态产品金融服务等方式实现。

准公共性生态产品价值实现与政府政策环境密切相关。准公共性生态产品首先必须有政府管制才能体现稀缺性，进而才有市场交易价值。以碳排放权为例，政府要通过给不同地区分配碳排放权益指标或者调控不同地区碳排放总量和强度的方式加强碳排放管控，以体现碳排放权的稀缺性，由此碳排放需求大的地区才会具有通过市场化交易方式获得碳排放权的内在动力。其次，政府要引导建立准公共性生态产品价值实现的政策保障体系和共性技术标准体系。以碳排放权为例，政府要建立碳排放测度技术体系、确定碳排放区域额度或强度控制指标、加强碳排放交易市场许可和监管等。准公共生态产品价值实现与市场条件密切相关，市场交易主客体设置、市场交易定价规则制定、市场交易秩序维护、市场交易平台建设等市场条件都将影响准公共生态产品价值实现。我国以生态资源权益市场为代表的准公共生态产品市场建设总体处于起步阶段，市场建设还处于探索期，市场条件还不成熟，未来有很大发展空间。

第三节 经营性生态产品价值实现路径

以生态农产品、生态旅游、生态文化等为代表的经营性生态产品，可以通过市场交易直接实现经济价值，是最容易实现生态产品价值的产品形态，也是当前各地集中发力打造的生态产品类型。生态物质产品的生态溢价一般需要有公信力的第三方认证评价及品牌培育推广才能顺利实现。国家公园、风景名胜区等公共资源性生态产品通过明晰产权、直接经营、委托经营等方式交由市场主体提供终端生态产品服务，具体表现为生态旅游、生态康养、生态文化服务等，价值支付形式为门票、会员费等相关生态产业化经营收入（王金南等，2021）。

经营性生态产品价值实现与经营主体的经营开发管理水平、生态产品市场化竞争程度密切相关。经营性生态产品价值实现程度主要由经营性生态产品的价格决定，而价格则主要由经营性生态产品的品质、品牌价值和市场供需水平决定，最关键的是经营性生态产品经营主体和所在地政府的产品开发和品牌运营水平，这关系到经营性生态产品的价格水平和市场竞争力。

第三章

我国生态产品价值实现机制的历程回顾

我国生态产品价值实现机制起步于改革开放后。改革开放后，我国出台了一系列政策文件，开展了大量实践探索。从实践逻辑和政策文件线索出发，将我国生态产品价值实现机制的历程划分为四个阶段（表3-1）：萌芽起步阶段（改革开放初期至2009年）、积极探索阶段（2010—2015年）、快速发展阶段（2016—2020年）、全面发力阶段（2021至今）。

表 3-1　我国生态产品价值实现机制发展历程

历程划分	主要特征	标志事件或政策	主要内容
萌芽起步阶段（改革开放初期至2009年）	以生态保护补偿为核心，揭开生态产品价值实现机制序幕	1979年出台《中华人民共和国环境保护法（试行）》	提出"污染者付费"的理念，探索建立生态保护补偿制度
		1996年《国务院关于环境保护若干问题的决定》	提出建立并完善有偿使用自然资源和恢复生态环境的经济补偿机制
		2006年《中华人民共和国国民经济和社会发展第十一个五年规划纲要》	正式提出"谁开发谁保护、谁受益谁补偿"的基本原则
积极探索阶段（2010—2015年）	加强生态产品价值实现机制探索，扩大生态产品供给，提出资源环境有价的理念	2010年《全国主体功能区规划》	首次官方提出生态产品概念，并以禁止开发区形式加强保护修复
		2013年《关于加强国家重点生态功能区环境保护和管理的意见》	国家重点生态功能区要把保护和修复生态环境、增强生态产品生产能力作为首要任务
		2013年《关于印发国家生态文明先行示范区建设方案（试行）的通知》	加强自然生态系统保护，扩大森林、草原、湖泊、湿地面积，保护生物多样性，增强生态产品生产能力
		2015年《中共中央关于制定国民经济和社会发展第十三个五年规划的建议》	提供更多优质生态产品，推动形成绿色发展方式和生活方式

续表

历程划分	主要特征	标志事件或政策	主要内容
快速发展阶段（2016—2020年）	要求建立健全生态产品价值实现机制，部署开展了大量生态产品价值实现试点，倡导运用市场化手段推进生态产品价值实现机制	2016年《国家生态文明试验区（福建）实施方案》	首次在国家级文件中提出了生态产品价值实现概念
		2017年中共中央、国务院出台《关于完善主体功能区战略和制度的若干意见》	明确要求建立健全生态产品价值实现机制
		2018年习近平总书记主持召开第二次长江经济带发展座谈会	提出积极探索推广绿水青山转化为金山银山的路径，选择具备条件的地区开展生态产品价值实现机制试点，探索政府主导、企业和社会各界参与、市场化运作、可持续的生态价值实现路径
		2017年生态环境部推出第一批"绿水青山就是金山银山"实践创新基地	全国第一批共批准13个实践创新基地
全面发力阶段（2021年至今）	构建了生态产品调查监测机制、生态产品价值评价机制、生态产品经营开发机制、生态产品保护补偿机制、生态产品价值实现保障机制、生态产品价值实现推进机制的"六大机制"体系，并出台了一系列配套政策体系和技术指导办法，建立了一批国家级生态产品交易平台，推动生态产品价值实现机制迈向全面发力的新阶段	2021年中共中央办公厅、国务院办公厅印发《关于建立健全生态产品价值实现机制的意见》	明确提出建立生态产品调查监测机制、生态产品价值评价机制、生态产品经营开发机制、生态产品保护补偿机制、生态产品价值实现保障机制、生态产品价值实现推进机制"六大机制"，形成了全国生态产品价值实现机制的"四梁八柱"顶层设计
		2021年中共中央办公厅、国务院办公厅印发的《关于深化生态保护补偿制度改革的意见》	标志着我国生态保护补偿工作进入新阶段
		2021年全国碳市场交易正式启动	标志着我国生态权益交易取得突破性进展
		2022年国家发展和改革委员会、国家统计局联合发布《生态产品总值核算规范（试行）》	明确了森林、草地、农田、湿地、荒漠、城市、海洋等不同生态产品的价值核算技术方法体系，为各地生态产品价值核算提供了指南
		2022年财政部印发《中央对地方重点生态功能区转移支付办法》	为深化生态保护补偿制度改革、加强重点生态功能区转移支付管理提供了指导
		2024年国家发展和改革委员会印发《国家发展改革委关于首批国家生态产品价值实现机制试点名单的通知》[发改环资〔2024〕684号]	首批试点包括北京市延庆区、河北省承德市、黑龙江省大兴安岭地区、浙江省湖州市、安徽省黄山市、福建省南平市、山东省烟台市、湖南省怀化市、广西壮族自治区桂林市、陕西省商洛市；浙江省丽水市、江西省抚州市继续开展试点工作

第一节 萌芽起步阶段（改革开放初期至2009年）

生态产品价值实现的萌芽起步可以追溯到改革开放初期。随着经济社会快速发展，经济发展对环境造成破坏带来的负外部性开始凸显，生态保护的压力逐步上升，政府层面开始意识到生态保护对经济社会发展全局的重要性，着力解决生态环境保护问题，并采取了生态保护补偿措施，虽然形式比较单一，但开启了生态产品价值实现萌芽起步阶段。国家层面关于生态保护补偿的探索最早始于三北防护林工程，1979年《中华人民共和国环境保护法（试行）》中提出了"污染者付费"的理念，探索建立生态保护补偿制度。1996年《国务院关于环境保护若干问题的决定》提出要建立并完善有偿使用自然资源和恢复生态环境的经济补偿机制。《中华人民共和国国民经济和社会发展第十一个五年规划纲要》正式提出"谁开发谁保护、谁受益谁补偿"的基本原则，并在后续的《中华人民共和国水污染防治法》《中华人民共和国水土保持法》等文件中予以巩固。从这一阶段生态产品价值实现的特征看，虽然尚未形成生态产品的清晰概念和生态产品价值实现机制的系统考虑，但对以生态保护补偿这一生态产品价值实现形式进行了大量探索实践，生态保护补偿的范围从最初的森林生态保护补偿逐渐扩展到流域水生态保护补偿、矿产资源开发生态保护补偿、生物多样性补偿等领域（靳诚等，2021）。

第二节　积极探索阶段（2010—2015 年）

　　经过改革开放后的经济社会高速发展，一方面粗放型经济发展模式造成严重的生态环境破坏问题使经济社会发展的可持续性日益得到更多关注，另一方面，人民生活水平的不断提升，使人民对良好生态环境的需求也不断上升，从而对生态保护修复的需求也更加强烈。2010 年国务院印发《全国主体功能区规划》，首次在官方文件中提出生态产品概念，并将生态功能地位突出的地区划定为禁止开发区，加大生态保护力度。2012 年，党的十八大报告提出实施重大生态修复工程，增强生态产品生产能力。在这一时期政策目标核心是扩大生态产品供给，在国土空间开发中划出生态功能区，围绕主体功能区这一战略持续推动生态环境保护修复，提升生产品供给能力，加强生态环境治理，促进经济发展方式转型（何林源，2023）。这一阶段提出了资源环境有价的理念，将过去不被重视的资源环境成本纳入生产生活和社会经济活动，致力于让保护生态环境获得回报，为生态价值实现积累了有益的探索。

第三节 快速发展阶段（2016—2020 年）

经过生态产品价值实现的积极探索，"绿水青山就是金山银山"的理念不断深化，生态产品价值实现步入快车道，国家明确要求建立健全生态产品价值实现机制，并在各个层面部署开展了大量生态产品价值实现试点，生态产品价值实现机制建设步入快速发展阶段。2016 年，国家生态文明试验区（福建）实施方案提出，福建要建设生态产品价值实现的先行区，这是首次在国家级文件中提出生态产品价值实现概念（靳诚等，2021）。2017 年中共中央、国务院出台的《关于完善主体功能区战略和制度的若干意见》明确要求建立健全生态产品价值实现机制。2018 年，习近平总书记在第二次长江经济带发展座谈会上明确提出，要积极探索推广绿水青山转化为金山银山的路径，选择具备条件的地区开展生态产品价值实现机制试点，探索政府主导、企业和社会各界参与、市场化运作、可持续的生态价值实现路径。2020 年，习近平总书记在全面推动长江经济带发展座谈会上的讲话中指出，要加快建立生态产品价值实现机制，让保护修复生态环境获得合理回报，让破坏生态环境付出相应代价。在国家层面，贵州、浙江、江西、青海被列为试点省份。在地市层面，浙江丽水、江西抚州被确定为试点地区。生态环境部2017 年推出第一批"绿水青山就是金山银山"实践创新基地，自然资源部2020 年发布《生态产品价值实现典型案例》。在生态产品价值实现机制推进过程中，涌现出新安江流域探索跨省的横向生态保护补

偿、在福建南平创建生态银行等一大批对生态产品价值实现
机制探索的地方实践案例。在这一阶段，政府不仅明确提出
建立健全生态产品价值实现机制，而且开展了大量生态产品
价值实现机制探索试点；不仅关注生态产品本身，也更加关
注运用市场化手段将生态产品的生态环境价值向经济价值的
转化。

第四节　全面发力阶段（2021年至今）

生态文明时代加速到来，"绿水青山就是金山银山"理念深入人心，生态产品价值实现机制迈入全面发力的新阶段。2021年中共中央办公厅、国务院办公厅印发的《关于建立健全生态产品价值实现机制的意见》明确提出，建立生态产品调查监测机制、生态产品价值评价机制、生态产品经营开发机制、生态产品保护补偿机制、生态产品价值实现保障机制、生态产品价值实现推进机制"六大机制"，形成了全国生态产品价值实现机制的"四梁八柱"顶层设计。2022年国家发展和改革委员会、国家统计局联合发布《生态产品总值核算规范（试行）》，明确了森林、草地、农田、湿地、荒漠、城市、海洋等不同生态产品的价值核算技术方法体系，为各地生态产品价值核算提供了指南。2021年中共中央办公厅、国务院办公厅印发的《关于深化生态保护补偿制度改革的意见》，标志着我国生态保护补偿工作进入新阶段。2022年财政部印发《中央对地方重点生态功能区转移支付办法》，为深化生态保护补偿制度改革、加强重点生态功能区转移支付管理提供了指导。2021年全国碳市场交易正式启动，标志着我国生态权益交易取得突破性进展。2021年自然资源部启动生态产品价值实现机制试点，2024年国家发展和改革委员会印发首批国家生态产品价值实现机制试点名单，包括北京市延庆区、河北省承德市、黑龙江省大兴安岭地区、浙江省湖州市、安徽省黄山市、福建省南平市、山东省烟台市、湖南省怀化市、广西壮族自治区桂林市、陕西省商洛市，浙江省丽水市、江西省抚州市继续开展试点工作。

在这一阶段，国家对生态产品价值实现机制政策密集出台，形成了生态产品调查监测机制、生态产品价值评价机制、生态产品经营开发机制、生态产品保护补偿机制、生态产品价值实现保障机制、生态产品价值实现推进机制"六大机制"体系，并出台了一系列配套政策体系和技术指导办法，建立了一批国家级生态产品交易平台，有力促进生态产品价值实现机制走向深入，推动生态产品价值实现机制迈向全面发力的新阶段。

第四章

中国特色生态产品价值实现机制理论体系

构建中国特色的生态产品价值实现机制是习近平生态文明思想的内在要求，是新时代促进人与自然和谐共生现代化的必由之路。以习近平生态文明思想为指导，以人与自然和谐共生的现代化为战略目标，以培育经济高质量发展新动力、塑造城乡区域协调发展新格局、引领保护修复生态环境新风尚、打造人与自然和谐共生新方案为战略取向，以生态产品调查监测机制、生态产品价值评价机制、生态产品经营开发机制、生态产品保护补偿机制、生态产品价值实现保障机制、生态产品价值实现推进机制为核心，以生态系统理论、价值理论、产权理论、外部性理论为理论支撑，加快构建中国特色生态产品价值实现机制理论体系。

第一节　生态产品价值实现机制的理论基础

一、生态系统理论

生态产品价值实现要以生态保护为前提，必须将山水林田湖草沙作为自然生态系统的有机生命体看待。生态系统理论强调考虑生态系统内部要素之间的共生共存关系，注重生态系统内部各要素之间的相互影响、相互联系、相互共生关系。甚至在一定程度上，生态系统内部要素之间可以相互转化，既制约又协同（刘伯恩，2020）。生态产品价值实现不能忽略生态系统内部之间的相互关联，必须牢牢树立生态系统观，不能一味追求经济价值而造成生态系统破坏问题。比如，为了提高草原羊产出能力，超过草原生态载畜量的过度放牧，会对草原生态带来巨大破坏，也会反作用于草原羊的产出能力。"挖湖造景"虽然会带来旅游和土地增值收益，但可能会对粮食安全和生态系统带来破坏。

二、价值理论

马克思认为商品是价值和使用价值的统一体，只有凝聚人类劳动的产品才具有价值。马克思对自然生态系统在生产力及价值创造中的作用有着深入的理解（徐浩庆等，2023），他认为，自然力是一种生产力。从劳动价值理论来看，人类对自然资源的保护和开发利用活动，凝聚着无差别的人类劳动，从效用价值理论看，生态产品具有稀缺性，能满足人类的生态需求，因而能带来效用价值。人类对生态产品价值的认识经历了漫长的过程。早期认识不足带来的生态环境严重恶化和破坏问题，后来认识到自然资源具有稀缺性，自然生态产品具有价值开始被人们普遍接受。迈入新发展阶段，伴随着人们生活水平的提高，人们对优质生态产品的需求越来越大，生态产品给人们带来的边际效用也越来越大（秦国伟等，2022），生态产品价值更加突出，并且更容易在人们对生态产品消费过程中得以实现。

三、外部性理论

外部性的概念是剑桥学派两位奠基者亨利·西季威克（Henry Sidgwick）和阿尔弗雷德·马歇尔（Alfred Marshall）率先提出的，在经济学中这个概念虽然出现较晚，但却十分重要（徐桂华，杨定华，2014）。另一位剑桥学者阿瑟·塞西尔·庇古（Arthur Cecil Pigou）将外部性分为外部经济性和外部不经济性，他认为，对于前者应予以补贴，对于后者应予以征税。生态产品的公共性和稀缺性会产生强烈的外部性，完颜素娟和王翊（2007）认为，生态服务外部性可以分为两类：一是生态服务消费的外部效应，如对新鲜空气的消费，一个消费者呼吸的新鲜空气受另一个经济行为人的影响，如果不对新鲜空气进行产权界定，就会导致对其过度消费。二是生态服务供给的外部效应，如对生态进行保护、对生物多样性进行维护可以使整个社会受益，但保护者却因此付出了大于个人收益的成本，这就容易导致生态服务供给或补偿不足。推进生态产品价值实现必须有效解决生态产品外部性问题，平衡好生态产品保护成本和开发收益之间的动态平衡关系。

四、产权理论

产权理论为生态产品价值实现提供了外部性内部化的理论工具。产权理论认为明晰的产权关系是消除公共产品或服务外部性的有效方法，但同时，在交易成本过大的情况下完全界定产权是不可能做到的（朱新华，贾心蕊，2024）。生态产品的结构性粘连导致产权界定成本过大（温铁军等，2021），生态产权明晰的方向在于将其外部性内部化的同时尽可能降低交易成本，趋向相对更优的产权结构安排。明晰的产权结构包含三个基本要素：排他性、可转让性和强制性。在现存制度框架内生态产权设置并不具备上述清晰产权特征，自然资源向生态产品的动态演变过程中不断出现的权利衍生、遗漏、交叉等问题在名义产权层面被忽视，且实践层面所有权也常常处于缺失状态（WANG R，TAN R，2020）。因此，如何厘清生态产品的所有权、使用权、收益权等产权束配置，对于激发市场主体和社会主体参与生态产品价值实现的主动性和提高生态资源开发配置效率具有重要意义，成为生态产品价值实现机制的关键。

第二节 生态产品价值实现机制的理论建构

生态产品价值实现机制的构建需要科学理论支撑，更需要构建能够指导实践的理论体系。本节根据生态产品价值实现机制的生态系统理论、产权理论、外部性理论和价值理论等理论基础，构建了生态产品价值实现机制的理论体系（图4-1）。生态产品价值实现机制的理论体系主要包括三大模块，一是在生态系统模块，主要是要利用生态系统理论指导，统筹山、水、林、田、湖、草、沙、冰、土系统的保护治理，提高生态系统供给能力和水平；二是生态产品模块，主要是通过把生态系统要素转换为生态产品，利用产权理论推进生态要素产权清晰化、确定化和可转化，推动生态要素转化为生态产品，再利用外部性理论推动生态产品外部性内部化，促进生态系统向生态产品高效率转化；三是生态产品价值实现模块，区分好生态产品的使用价值和价值，推动生态产品的使用价值向价值有效转化，推动将生态产品通过生态保护补偿、生态转移支付、生态市场收入、生态金融产品等多种不同方式实现价值。

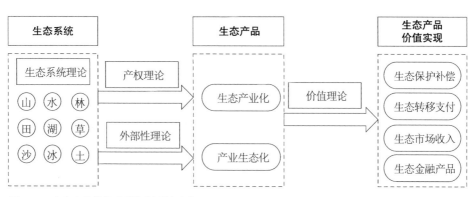

图4-1 生态产品价值实现机制理论建构

第三节 建立中国特色生态产品价值实现机制

一、以习近平生态文明思想为生态产品价值实现机制的理论指导

新时代建立中国特色生态产品价值实现机制，要以习近平生态文明思想为理论指导，深刻理解把握习近平生态文明思想的理论体系和深刻内涵，站在中华民族和人类文明永续发展的高度，加快构建具有中国特色的生态产品价值实现机制（图4-2），积极探索政府主导、企业和社会各界参与、市场化运作、可持续的生态产品价值实现路径，源源不断挖掘"绿水青山"中蕴含的"金山银山"，让绿色成为高质量发展的鲜明底色，使良好生态环境成为最普惠的民生福祉，助力经济社会实现可持续健康发展，加快形成绿色生产方式和生活方式，推动建设美丽中国。

二、以人与自然和谐共生的现代化为生态产品价值实现机制的战略目标

实现人与自然和谐共生是中国式现代化的应有之义，也是生态产品价值实现机制的战略取向。生态产品价值实现机制必须统筹考虑生态环境的承载力和人民群众对优美生态环境的需求，把生态环境保护与生态产品供给有机结合，加快构建良好生态环境也是生产力的体制机制和社会风尚，让"绿水青山就是金山银山"理念深入人心，将绿色生产方式和绿色生活方式融入人民群众的日常生产生活，推动构建"生态环境保护者

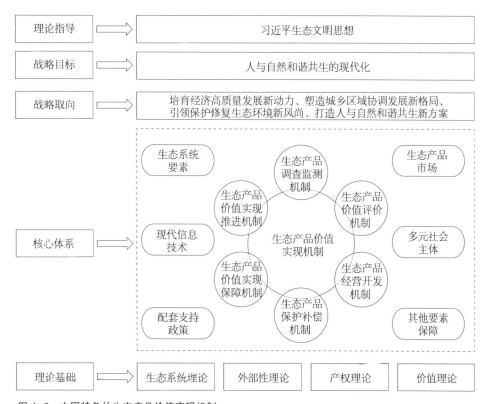

图 4-2　中国特色的生态产品价值实现机制

受益、使用者付费、破坏者赔偿"的机制（刘建华，崔国行，2024），使生态产品价值实现进程可持续，助力人与自然和谐共生的现代化。

三、以"四新"为生态产品价值实现机制的战略取向

把培育经济高质量发展新动力、塑造城乡区域协调发展新格局、引领保护修复生态环境新风尚、打造人与自然和谐共生新方案作为生态产品价值实现机制的战略取向，是中共中央办公厅、国务院办公厅印发《关于建立健全生态产品价值实现机

制的意见》确定的，建立生态产品价值实现机制，要积极培育绿色转型发展的新业态新模式，让良好生态环境成为经济社会持续健康发展的有力支撑；让提供生态产品的地区和提供农产品、工业产品、服务产品的地区同步基本实现现代化，人民群众享有基本相当的生活水平；让各方面真正认识到绿水青山就是金山银山，倒逼、引导形成以绿色为底色的经济发展方式和经济结构，营造各方共同参与生态环境保护修复的良好氛围；率先走出一条生态环境保护和经济发展相互促进、相得益彰的中国道路，更好彰显我国作为全球生态文明建设重要参与者、贡献者、引领者的大国担当，为构建人类命运共同体、解决全球性环境问题提供中国智慧和中国方案。

四、以"六大机制"为生态产品价值实现机制的核心

构建中国特色的生态产品价值实现机制要以生态产品调查监测机制、生态产品价值评价机制、生态产品经营开发机制、生态产品保护补偿机制、生态产品价值实现保障机制、生态产品价值实现推进机制"六大机制"建设为核心，加强生态系统保护和生态资产核算"盘点"，建立健全生态产品市场体系，加快运用现代信息技术促进生态产品价值实现，强化"六大机制"动态跟踪监测，及时解决"六大机制"建设和运行过程中存在的突出矛盾和问题，及时总结经验和做法在全国范围进行推广，推动形成"六大机制"相互促进、相互支撑、相互链接的生态产品价值实现机制体系。

五、以多元主体参与和多元要素支撑为生态产品价值实现机制的组成部分

建立中国特色的生态产品价值实现机制，要充分整合政府、

市场、社会、个人等多元主体力量参与，注重发挥政府在制度设计、经济补偿、绩效考核和营造社会氛围等方面的主导作用，充分发挥市场在资源配置中的决定性作用，推动生态产品价值有效转化，营造各方共同参与生态环境保护修复的良好氛围。建立中国特色的生态产品价值实现机制，要充分整合土地、人才、数据等多元要素支撑，以改革创新思维着力破解各类要素支撑生态产品价值实现机制的堵点痛点，加快汇聚各类要素支撑生态产品价值实现的强大合力。

六、以"四大理论"为生态产品价值实现机制的理论基础

生态产品价值实现机制的构建是一项复杂的系统工程，需要科学理论的支撑。生态系统理论、价值理论、产权理论、外部性理论等理论为解决生态产品价值实现实践过程中面临现实问题提供了重要理论依据，为生态产品价值实现机制建立提供了科学的理论支撑，需要政府部门、学术界、业界共同努力，既要学会利用理论指导实践，更重要的是在实践中丰富和发展理论，积极探索具有中国特色的生态产品价值实现机制理论体系。

下篇 /

新时代我国生态产品价值实现机制的实践探索

　　建立健全生态产品价值实现机制是贯彻落实习近平生态文明思想的重大举措，是推动"绿水青山"转化为"金山银山"的实践探索，是推动经济社会全面绿色转型的内在要求。党的十八大以来，我国开展了大量各类生态产品价值实现机制实践探索，在国家、省、市、县等多个层面设立了生态产品价值实现试点，积累了大量的实践经验，但也暴露出不少问题和矛盾。2021年，中共中央办公厅、国务院办公厅印发实施《关于建立健全生态产品价值实现机制的意见》后，我国生态产品价值实现机制搭建起了"四梁八柱"的顶层设计，不少配套政策文件纷纷出台，首批国家生态产品价值实现机制试点印发实施，生态产品价值实现机制迈入全面发力阶段。为了准确把握新时代我国生态产品价值实现机制的进展情况，本书下篇采取实地调研、横向比较、文献梳理等方法，及时总结我国生态产品价值实现机制实践取得的经验，系统梳理我国生态产品价值实现机制面临的突出问题和深层次矛盾挑战，有针对性地提出新时代高水平建立健全我国生态产品价值实现机制的对策和政策建议。

第五章

生态产品价值实现机制的实践探索及成效

近年来，国家高度重视建立健全生态产品价值实现机制工作，政策配套体系不断完善，构建了从中央到地方生态产品价值实现机制的实施方案体系，形成了省市县三级生态产品价值实现机制试点，在关键领域取得突破性进展。

第一节　构建了从中央到地方的生态产品价值实现机制实施方案体系

国家层面高度重视生态产品价值实现机制对生态文明建设的重要价值，在《关于建立健全生态产品价值实现机制的意见》顶层设计指导下，全国各省级行政单元纷纷出台了省级单元的生态产品价值实现机制的实施方案或实施意见，各地市和区县尤其是生态资源富集地区普遍出台了生态产品价值实现的实施方案，制定了生态产品价值实现机制的时间表和路线图。总体来看，从国家到地方基本已经构建了生态产品价值实现机制的实施方案体系，形成了规划方案的措施传导体系，聚焦生态产品"度量难、交易难、抵押难、变现难"等问题开展探索，部分领域已经取得了突破性进展。

第二节　构建了省市县三级生态产品价值实现试点体系

在党中央国务院的统一领导下，围绕生态产品价值实现机制探索，国家发展和改革委员会、生态环境部、自然资源部等相关部委部署开展了一系列试点工作，构建了省市县三级生态产品价值实现试点体系（表5-1）。

一是从省级层面看，福建、江西、贵州、海南等地率先开展国家生态文明试验区和生态产品价值实现先行区建设。2016年8月中共中央办公厅和国务院办公厅联合印发《关于设立统一规范的国家生态文明试验区的意见》，此后又先后印发《国家生态文明试验区（福建）实施方案》《国家生态文明试验区（江西）实施方案》《国家生态文明试验区（贵州）实施方案》《国家生态文明试验区（海南）实施方案》，要求四省发挥生态优势，积极探索生态产品价值实现机制，建设生态价值实现机制试验区。2017年10月，中共中央、国务院发布《关于完善主体功能区战略和制度的若干意见》，明确提出"选择浙江、江西、贵州、青海等省份具备条件的地区，开展生态产品价值实现机制试点"。在此要求下，国家明确在贵州、浙江、江西和青海率先开展生态产品市场化试点工作。从地市层面看，浙江丽水和江西抚州成为两个国家级生态产品价值实现地级市试点。2019年1月和9月，推动长江经济带发展领导小组办公室先后批复浙江丽水和江西抚州作为国家生态产品价值实现机制试点城市。

二是从市县层面看，国家发展和改革委员会、生态环境部、自然资源部先后分批开展县级层面的生态产品价值实现试点工

作。2017 年以来生态环境部累计主导印发了五批国家生态文明
建设示范市县（区）和"绿水青山就是金山银山"实践创新基
地文件，累计命名了 362 个国家生态文明建设示范市县（区）
和 136 个"绿水青山就是金山银山"实践创新基地试点。2021
年以来，自然资源部先后批复南平市、江阴市、苏州吴中区、
邹城市、淅川县、西峡县、灵宝市 7 个市县获批自然资源领域
生态产品价值实现试点。2024 年国家发展和改革委员会印发首
批国家生态产品价值实现机制试点名单，包括继续开展试点工
作的北京市延庆区、河北省承德市、黑龙江省大兴安岭地区、
浙江省湖州市、安徽省黄山市、福建省南平市、山东省烟台市、
湖南省怀化市、广西壮族自治区桂林市、陕西省商洛市，浙江
省丽水市和江西省抚州市。

表 5-1　生态产品价值实现机制试点

试点类型	试点地区和颁布时间	试点数量
国家生态文明试验区	福建（2016）、江西（2017）、贵州（2017）、海南（2019）	4
国家生态产品市场化省级试点	2016 年，在浙江、江西、贵州、青海开展生态产品市场化省级试点	4
国家生态产品价值实现机制试点城市	浙江丽水市（2019）、江西抚州市（2019）	2
国家生态文明建设示范县（市）	2017 年以来累计五批：第一批 46 个（2017）、第二批 45 个（2018）、第三批 84 个（2019）、第四批 87 个（2020）、第五批 100 个（2021）	362
国家"绿水青山就是金山银山"实践创新基地	2017 年以来累计五批：第一批 13 个（2017）、第二批 16 个（2018）、第三批 23 个（2019）、第四批 35 个（2020）、第五批 49 个（2021）	136
国家自然资源领域生态产品价值实现机制试点	2021 年确定南平市、江阴市、苏州吴中区、邹城市、淅川县、西峡县、灵宝市等为试点	7
国家生态产品价值实现试点	北京市延庆区、河北省承德市、黑龙江省大兴安岭地区、浙江省湖州市、安徽省黄山市、福建省南平市、山东省烟台市、湖南省怀化市、广西壮族自治区桂林市、陕西省商洛市	10

资料来源：在"孙博文．建立健全生态产品价值实现机制的瓶颈制约与策略选择．改革，2022（5）：
34-51"基础上改绘。

第三节　关键领域取得了一批可复制可推广的突破性进展

生态产品价值试点地区围绕生态产品价值实现"六大机制"开展了一系列先行先试探索，关键领域取得了一批可复制可推广的突破性进展。

一、自然资源确权登记加快推进

长期以来，产权问题是制约生态产品价值实现的关键问题，围绕自然资源确权，自然资源部于 2019 年和 2020 年分别出台《自然资源统一确权登记暂行办法》以及《自然资源确权登记操作指南（试行）》，指导推动全国自然资源确权登记工作，湖北神农架、海南热带雨林等国家公园以及其他重点生态功能区的确权登记工作有序实施。

二、生态产品价值核算体系加快建立

2022 年国家发展和改革委员会、国家统计局联合发布《生态产品总值核算规范（试行）》，明确了森林、草地、农田、湿地、荒漠、城市、海洋等不同类型生态产品价值核算技术方法体系，为各地生态产品价值核算提供了指南。北京市、深圳市、浙江丽水市等地也纷纷开展了生态产品价值核算（GEP 核算），并将生态产品价值核算结果应用于生态补偿、转移支付等生态产品价值实现环节。

三、生态权益交易取得突破性进展

生态权益交易是准公共生态产品价值实现的主要形式，2016 年国家发展和改革委员会把河南省、四川省、浙江省、福建省这四个省份作为全国首批用能权有偿使用和交易制度试点。2021 年，全国碳市场交易正式启动。在地方层面，浙江丽水市开展了林权交易，重庆市开展了森林覆盖率指标交易，福建南平市建立了生态银行，各地分别围绕生态权益交易积累了一批宝贵经验。

四、生态产品经营机制不断创新

随着人们对优质生态产品的需求不断上升，生态产品市场化程度越来越高，家庭农场、农业合作社、工商资本等生态产品经营主体不断增多，涌现了"丽水山耕""武夷山水"等不少生态品牌，特别是"数字 + 生态"深度融合趋势越来越明显，生态产品供需双方对接更加精准，现代资本介入生态产品价值实现的越来越多，生态产品经营机制呈现现代化、多元化的趋势，生态产品经营机制创新力度不断加大。

五、生态保护补偿机制加快健全

生态保护补偿是生态产品价值实现重要实现形式，自改革开放初实行以来，在实践中不断优化调整，特别是 2021 年中共中央办公厅、国务院办公厅印发了《关于深化生态保护补偿制度改革的意见》，在森林、草原、湿地、荒漠、海洋、水流、耕地这 7 个领域建立了生态补偿机制，取得积极成效，标志着我国生态保护补偿工作进入新阶段。2022 年财政部印发《中央对地方重点生态功能区转移支付办法》，为深化生态保护补偿制度改革、加强重点生态功能区转移支付管理提供了指导。

六、生态产品价值实现保障和推进机制更加完善

生态产品价值纳入政府高质量发展综合绩效评价，各级政府对生态产品价值实现更加重视。北京密云、杭州千岛湖等地区探索建立生态积分、生态公益基金等生态环境保护利益导向机制，国开行发行 120 亿元绿色金融债券，江西探索了"古屋贷"、福建探索了林权抵押贷款等绿色金融产品。不少地区建立了生态产品价值实现机制试点，召开生态产品价值实现机制现场会，积极总结成功经验并及时推广。

第六章

我国生态产品价值
实现机制的实践经验

我国不少地区尤其是生态富集地区围绕生态产品价值实现机制开展了大量实践探索，积累了一批可复制、可推广的成功经验，梳理借鉴先进经验可以有效避免其他地区在生态产品价值实现进程中"走弯路"。

第一节　密云区开展生态产品价值实现机制的经验

密云区是北京市面积最大的生态涵养区，拥有作为北京重要地表饮用水源地、水资源战略储备基地的密云水库（图6-1），自然风貌"八山一水一分田"，森林资源蓄积量达 389 万 m^3，负氧离子浓度、水体密度、湿润指数保持全市前列，生态服务价值全市最高，是首批全国生态文明建设试点地区。在密云水库

图6-1　密云水库
资料来源：北京市密云区密云水库综合执法大队

建成 60 周年之际，习近平总书记亲自给建设和守护密云水库的乡亲们回信，充分肯定了密云为首都生态环境改善作出的重要贡献，并提出要将生态文明建设作为战略性任务来抓，坚持生态优先、绿色发展，共同守护好祖国的绿水青山。密云区始终注重保护环境和生态富民之间的关系，着力构建生态产品价值实现机制，积累了一系列可复制、可推广的经验。

一、完善生态补偿，创新生态产品价值实现新规则

密云区围绕生态产品价值实现机制开展了多种有益探索，其中生态补偿探索具有很强的创新性，既有争取中央和北京市的生态补偿，也有争取北京市朝阳区的横向生态补偿，还有对上游地区的横向生态补偿。

一是建立水源地生态涵养补偿机制。密云区积极争取国家和北京市生态补偿，结合密云水库最大库容量建立生态补偿参考基数，争取国家和北京市每年支持密云定额补偿资金，并建立水源地生态涵养补偿动态增长机制，全力保障密云区基本公共服务稳定健康运行。密云区积极争取中央及市级资金开展矿山环境治理工作，2002—2011 年，争取中央资金 1.1 亿元，对巨各庄、穆家峪、太师屯、高岭、不老屯等乡镇的废弃矿山进行了治理，治理总面积约 6100 余亩。2012 年至 2015 年，国土部、财政部批复了"北京市密云水库周边废弃铁矿矿山地质环境治理示范工程"，争取中央资金投入约 1.8 亿，恢复治理废弃矿山约 8600 余亩，争取市级资金 3188 万元，治理废弃矿山 955 亩，种植各种树木 6.6 万余株。2018 年生态补偿类收入在财政收入中的占比为 4.47%，2019 年生态补偿类收入在财政收入中的占比为 5.54%，该指标有所提高。

二是积极争取朝阳区横向转移支付。密云区完善了与北京市朝阳区结对协作机制。朝阳区通过直接给予财政资金、支持

引导绿色产业项目落地、提升公共服务能力等多种形式，带动密云区经济社会发展，每年支持规模不低于 1 亿元，资金重点向生态保护、环境治理和绿色产业发展倾斜。

三是建立上游水源地横向生态补偿机制。2018 年 11 月京冀两地联合签署了为期 3 年的首期补偿协议，建立了全国首个以水量、水质、行为管控为主导的水源保护横向生态补偿机制。首期补偿协议共落实生态补偿资金 21.5 亿元。其中北京市补偿资金 9.5 亿元，中央财政支持 9 亿元，河北省 3 亿元。深化部门联动、市区协同、京冀携手的工作机制，高标准做好密云水库全流域水源保护，加快实施京冀密云水库水源保护共同行动方案，深入探索密云水库流域生态产品价值实现机制，健全生态补偿机制，推进水库生态富民。

四是建立密云区各镇街（园区、地区）水域上下游生态补偿机制。密云区结合实际，制定了《北京市密云区水环境跨界断面考核补偿办法（试行）》。按照"谁污染、谁治理、谁付费"的原则，各镇街（园区、地区）水域上下游间，跨界断面水质超标、明显变差或产生恶化趋势的一方需缴纳水生态补偿金。

二、强化生态增值，拓宽生态产品价值实现新途径

密云区依托良好的生态环境、优质的空气与水资源，以"健康"为主题，大力发展涵盖体育运动、中医疗养、自然理疗等的养生旅游产品，将密云优良的生态品质真正转化为可消费、可体验的生态产品，积极构建以生态农业、生态康养、生命科学为主的现代化特色生态产业体系，探索了多种生态产品价值实现新路径。

一是以密云城郊为代表的生命健康产业发展模式。依托优良生态环境，将生命健康产业作为主导产业强力推进，在密云城郊地区布局建设北大医学城和生命健康科学城，推动形成生

命健康产业集群。怀柔科学城东区（密云区）重点发展医药科技研发服务业，引入北京大学医学院入驻，以顶尖科研机构及大学带动创新提升发展示范区建设。中关村密云园重点承载生物医药、康复器械、运动装备等高精尖产业，打造生命健康科学城。

二是以古北水镇为代表的大项目带动模式。古北水镇依托司马台长城而建，2010 年开始在原有村落基础上进行修复建设，逐步建设成为以北方特色边塞小镇、长城脚下的星空小镇、文化传承体验的精致小镇为主要特色的国际化度假区，有效带动了周边地区太师屯镇、高岭镇、新城子镇十八村乡村旅游发展，实现了休闲旅游富民的目标。

三是以山里寒舍为代表的闲置资源盘活再利用模式。密云区积极鼓励对闲置农宅、废旧厂房、学校、养殖基地进行资源旅游化利用，建设精品乡村酒店、特色民宿、休闲农庄，促成密云区休闲产业发展模式。2013 年山里寒舍集团在废弃宅基地基础上改造建设了 30 套创意乡村民居，该民居群荣获农业部"全国最美休闲乡村"称号，成为京郊"一座乡村就是一家酒店，一家酒店活化一座乡村"的典范。依托山里寒舍模式，密云区成功打造了北井小院、风林宿、老友季等 85 个特色民宿品牌，133 个精品院落。

四是以张裕爱菲堡为代表的农文旅融合发展模式。密云区发挥葡萄种植优势，以张裕爱斐堡国际酒庄、天葡庄园、酒乡之路 8 号、邑仕红酒庄园等为引领，将葡萄种植、酿造、科普、体验采摘与休闲度假紧密结合，成功打造以红酒文化为特色的休闲旅游产业带。其中，北京张裕爱斐堡国际酒庄坚持"农、文、旅"融合发展模式，打造了集葡萄种植及酿酒、葡萄酒主题文化旅游、休闲度假以及葡萄酒知识培训功能为一体的综合性国际酒庄，被评为全国休闲农业与乡村游五星级园区、北京市科普教育基地。

五是以中关村密云园为代表的生态工业发展模式。密云区依托优良生态环境，大力发展生态工业，重点在中关村密云园区布局，2016—2019 年密云区生态加工业产值在规模以上工业总产值中的占比分别为 8.6%、10.9%、11.6%、11.8%。该数据为规模以上口径，根据现行统计调查体系，在非普查年度只对规模以上企业进行统计调查。

三、开展绿色交易，提供生态产品价值实现新助力

密云区利用优良生态环境，大力开展生态权益交易，探索生态产品价值转化绿色金融"密云模式"。密云区与中国科学院生态环境研究中心合作，构建密云区生态系统生产总值（GEP）核算体系，以 GEP 核算作为生态价值量化的抓手，使空气、水流、土壤、森林、气候、湿地等生态资源的价值可以得到界定，并明晰生态资产的所有权、使用权、经营权等权利及其主体，构建了确权登记系统，使生态权益可以通过使用权的出让、转让、出租等获得直接收入，或者通过抵押、担保等获得信用贷款，抑或通过入股变成资产，实现生态价值向经济价值的转变，实现由 GDP[①] 到 GEP 的考核转变。密云区在全市率先出台区级层面绿色金融发展的制度性文件《北京市密云区加快发展绿色金融的实施意见》，绿色金融综合服务平台正式上线运行，第一家绿色金融专营机构邮储银行密云支行绿色信贷营业部挂牌成立。密云区在 2022 年入选首批国家气候投融资试点城市，探索设立全市首家生态银行，构建"活水、盘林、促产、降碳"的气候投融资模式。

---

① GDP，Gross Domestic Product 的简称，国内生产总值，后同。

四、加强品牌建设，夯实生态产品价值实现新坚守

密云区注重绿色生态品牌塑造，通过打造绿色生态品牌，提高密云绿色生态产品标识度和附加值，促进生态产品价值实现。

一是做优"绿色高端"精品农业。以特色果品、精品蔬菜为主导产业，密云区大力发展"高精尖"都市农业。立足"山多地少"的特点，瞄准首都市民的米袋子、菜篮子、果盘子需求，科学规划布局"1+3+N"的产业发展体系。"1"是对核心区蔡家洼村进行提升，打造服务首都、辐射京津冀的集果蔬加工基地、物流配送中心、质量检测中心、智慧管理中心等现代化产业园核心区。"3"是以北京极星农业有限公司现代农业科技园、北京汇源集团有限公司汇源密云农谷和邑仕山谷葡萄沟示范园为依托，打造密云区国家现代农业产业园的3个高效农业创新中心，辐射带动区域内设施蔬菜、果汁加工、葡萄酒酿造及葡萄酒销售等产业发展，引领周边果蔬产业高端休闲农业、高端精品民宿、乡村旅游等产业，推动一二三产融合发展，创新联动农民机制，带动农民增收致富。"N"是围绕产业园覆盖的巨各庄镇、穆家峪镇、河南寨镇、东邵渠镇4个重点镇，规划建设"N"个基地，实现"一镇一业""一村一品"果蔬产业专业镇、专业村建设，打造一批知名度高、影响力大的农业单品品牌和电商等现代农业销售品牌，助力农业产业化规模化发展。"密云农业"已成为首都市民信赖的品牌。

二是做大"蜂盛蜜匀"甜蜜产业。密云区清澈的水源、优良的生态环境孕育了丰富多样的蜜粉源植物，为蜜蜂繁衍生息提供了基础保障，是华北地区最大的"天然蜜库"，蜜粉源植物至少能承载蜂群17万群。密云区建成国家级蜂产品标准化示范基地、绿色无公害蜂产品生产基地、蜂产品深加工基地、西方蜜蜂良种繁育基地和成熟蜜生产基地等基地20个，拥有蜂群约

12.35 万群，占全市蜂群总量的 45.2%，是"北京市养蜂第一大区"，被中国养蜂学会评为"中国蜜蜂之乡"，2020 年密云蜂产业产值近 1.3 亿元，从业人员 4000 余人，拥有集蜜蜂种业、蜜蜂养殖、蜂产品深加工、蜜蜂授粉、蜜蜂文化和蜜蜂旅游等为一体的完整产业链条。

三是做专"渔业净水"水库渔业。密云水库水体质量常年保持国家地表水二级标准以上，为鱼类生长提供了良好的自然条件，水库中最为常见的胖头鱼（鳙鱼）、鲢鱼、鲤鱼等鱼种，以其肉质鲜嫩、营养丰富、无土腥味儿、无污染而闻名京城。密云区发挥渔业生态修复功能，以鱼控草、以鱼净水，科学制定增殖放流与捕捞管理制度，改革水库渔业模式，实施企业化运营，使鱼产量常年保持在 150 万 kg 以上，每年举办持续一个月的鱼王文化节还会推出 8 条品鱼赏景精品旅游线路。此外，密云区还成立了区级渔业产销联社以及 5 个镇级合作社，与首农集团、物美集团签订合作协议，对密云水库鱼进行统一定价，并通过两家集团企业集中销售至全国。

五、推动科技赋能，打造生态产品价值实现新引擎

密云区发挥首都重要生态腹地的战略地位，抢抓怀柔科学城布局机会，大力实施"科创＋生态"战略，持续推动科技赋能，积极打造生态产品价值实现机制新引擎。一是做实"科学城"未来产业。怀柔科学城位于北京东北部，是北京建设的具有全球影响力的科技创新中心"三城一区"主平台之一，定位是发展世界级原始创新承载区、综合性国家科学中心核心承载区、生态宜居创新示范区。2017 年怀柔科学城空间规划范围由 41.2km² 扩展至 100.9km²，将密云区 32.5km² 的土地涵盖在内，即科学城东区。密云区抢抓怀柔科学城战略布局机遇，对科学城东区产业布局、人才引进、配套服务、基础设施等方面进行重点资源倾斜，

推动形成怀柔科学城与密云新城之间产业无缝对接、功能高效互补、配套服务共享、生态景观共融的区域联动发展格局。中科院科教基础设施项目等九大项目落地科学城东区，密云区与北京大学合作在科学城东区布局怀密医学中心项目，围绕生命健康产业加大布局。科学城东区与中关村密云区形成联动发展，构建了以创新药、仿制药、高端医疗器械研发为科技项目重点发展方向的生物医药大健康产业。密云区聚焦节能环保、新一代信息技术等领域，成功打造了一批国家高新技术企业，形成了生物医药大健康、智能制造、节能环保、科技服务四大主导产业的发展格局。

六、推动富民惠民，书写生态产品价值实现新答卷

富民惠民是生态产品价值实现的应有之义，党的十八大以来，密云区依靠生态保护和绿色发展，实现了低收入户全部脱低，全面建成小康社会目标如期完成，书写了让人民幸福的绿色新答卷。密云区将生态保护和富民增收有机衔接，从产业扶持、就业扶持、社会保障和技能培训四个方面推进密云水库库区农民增收。比如，实现水库一、二级保护区内农村劳动力实现绿岗、蓝岗、金岗就业，争取每户家庭中至少有一名劳动力实现就业增收；将一级区群众生活困难补助标准由 1500 元提高到 2000 元；通过建立"公司＋合作社＋农户"模式，带动全区 362 户低收入农户通过养蜂实现"脱低致富"，"养蜂脱低"模式作为典型经验在全国推广。与此同时，密云区积极改善居民生活环境，推动建设城市公园，建设了白河城市森林公园、冶仙塔文化休闲公园、潮河国家湿地公园、潮白河汇合口时尚文化公园等一批"口袋公园"，推动建设森林城市，以提高群众绿色幸福指数。密云区推进的美丽乡村建设，以"清脏、治乱、增绿、控污、拆违、改厕"为主要内容，打造密云区乡村振兴样板，朝着产业兴旺、生态宜居、乡风文明、治理有效、生活富裕的目标迈进。

第二节 丽水市开展生态产品价值实现机制的经验

丽水市地处浙江省西南部，素有"中国生态第一市"和"华东氧吧"的美誉，森林覆盖率达 81.7%，是国家重点生态功能区、华东重要生态屏障和绿色基因库，并荣获首批国家生态文明先行示范区、国家森林城市、中国气候养生之乡、中国天然氧吧城市（图 6-2）。丽水市致力于创新构建生态产品质量标准、价值核算、市场交易、生态信用体系，取得了一批具有开创性的生态产品价值实现机制经验。2019 年丽水市成为全国首个生态产品价值实现机制试点市，2024 年入选国家发展和改革委员会印发的首批国家生态产品价值实现机制试点名单。

图 6-2　丽水市大洋湖
资料来源：丽水市政府，刘克勤 摄

一、建立生态产品价值核算评估应用体系

为了攻克长期以来困扰生态产品价值实现的核算评估短板，破解"绿水青山"可量化度量的问题，丽水市创新出台了全国首个山区市生态产品价值核算技术办法，发布地方标准《生态产品价值核算指南》DB 3311/T 139—2020，开展市、县、乡（镇）、村四级生态系统生产总值（GEP）核算，为推动生态产品从"无价"到"有价"提供了科学依据，为浙江省相关标准制订提供了重要支撑。此外，丽水市制定了《关于促进 GEP 核算成果应用的实施意见》，全面推进 GEP "进规划、进决策、进项目、进交易、进监测、进考核"的应用体系建设，并建立 GDP 和 GEP 双核算、双评估、双考核机制以确保实现 GDP 和 GEP 规模总量协同较快增长，最终实现 GDP 和 GEP 之间转化效率的较快增长。

二、构建生态产品市场交易体系

生态产品交易难是制约生态产品价值实现的突出难题，丽水市围绕破解"绿水青山"可交易问题，着力构建了生态产品市场交易体系。一是创新培育"两山公司"，推动 18 个试点乡镇成立了"两山公司""生态强村公司"。二是建立生态产品价值交易制度体系，研究制定丽水（森林）生态产品市场交易制度，建立一、二级交易市场。三是搭建"两山银行"交易平台，构建了"1+N""两山银行"体系（"1"指丽水市农村产权交易服务平台为基础的市本级"两山银行"；"N"为各县、市、区组建的"两山银行"）。丽水市推进华东林交所重组迁址，探索开展生态产品与环境权益的兑换交易；建立浙江省首个区域性生态产品交易中心，以"浙林碳汇"区域交易为实践，开展各类生态资源和生态产品交易。四是建立生态产品市场化定价机制，推行民宿"生态价"，探索土地资源的生态溢价价值评估。五是构建"两山金

融"服务体系,在全国率先编制发布《基于生态产品价值实现的金融创新指南》,创新推出与生态产品价值核算相挂钩的"生态贷""GEP 贷""取水贷"等金融产品,实现 GEP 可质押、可变现、可融资;创新推出个人生态信用"绿谷分",编制生态信用行为正负面清单,开展"生态信用"贷款融资。

三、创新生态产品价值实现路径

丽水市充分发挥"好山、好水、好空气"的生态优势,深入开展"生态经济化、经济生态化"变革性实践,破解"绿水青山"可转化问题。一是创新发展生态农业。以"丽水山耕""丽水山景""丽水山居""丽水山泉"等"山"系品牌培育和生态产品标准化建设为载体,实施最严格的化肥农药管控,提升生态农产品溢价价值。以"丽水山耕"为例,2023 年营销总额超过 100 亿元,平均溢价 30% 以上,最高溢价达 10 倍。二是大力发展生态工业,即重点打造半导体全链条、精密制造、健康医药、时尚产业、数字经济等五大主导产业,在全省率先推行工业企业进退场"验地、验水"制度,创新"飞地互飞"机制,与上海、杭州、宁波等地合作探索生态产品价值异地转化。三是培育生态旅游康养产业。以"丽水山景"为主打品牌加快发展全域旅游,积极谋划"丽水山居图",打造瓯江黄金旅游带。四是建立与生态产品质量和价值相挂钩的财政奖补机制,制定《丽水市生态产品价值实现机制试点财政奖补机制实施方案》,建立了与 GEP 总量、GEP 增长等指标相挂钩的财政奖补机制。五是建立瓯江流域上下游横向生态保护补偿机制,以建立"水生态共同体"理念为引领,围绕瓯江流域上下游,积极开展横向生态保护补偿试点,每年安排横向生态补偿资金 3500 万元,按照"谁受益,谁补偿"的原则,根据水质、水量、水效等指标的综合评价确定补偿方向、资金。

四、完善生态产品供给能力体系

生态产品价值实现必须考虑到生态环境的综合承载力，要完善生态产品供给能力体系，需提升"绿水青山"生态产品高质量可持续供给水平。一是实施最顶格的生态标准，发布"三线一单"生态环境分区管控方案。二是实施最严格的生态治理，系统开展山水林田湖草生态保护与修复，全面开展"大搬快聚富民安居"工程。三是实施最有效的生态监管，建设"花园云"生态环境智慧监管平台、"天眼守望"卫星遥感数字化服务平台，创新"天眼（卫星遥感大数据）+ 地眼（生态感知物联网）+ 人眼（基层治理平台）"三位一体生态数字治理模式，开发 GEP 核算、GEP 考核评价、绿色奖补等应用场景，构建"空、天、地"一体化的生态产品空间信息数据资源库。

第三节 云南省开展生态产品价值实现机制的经验

云南省生态资源丰富，森林覆盖率 55.25%，居全国第 4 位，林木植被碳储量达 11.7 亿 t，占全国总量的 10.9%，居全国第一，是我国生物多样性最丰富的省份，有着"植物王国""动物王国""世界花园"的美誉。云南省高度重视生态产品价值实现工作，2022 年印发《云南省建立健全生态产品价值实现机制实施方案》，遴选了生态本底好、资源禀赋优的普洱市、玉溪市澄江市、昭通市水富市、红河哈尼族彝族自治州屏边苗族自治县作为 4 个省级生态产品价值实现机制试点，围绕滇池、洱海、抚仙湖、程海、泸沽湖、杞麓湖、异龙湖、星云湖、阳宗海九大高原湖泊流域开展生态产品价值核算及实现机制探索工作，取得不少进展和实践经验。

一、以四大试点和九湖流域为抓手统筹推进生态产品价值实现工作

云南省生态产品价值实现机制推进工作，重点以四大试点和九湖流域的生态产品价值实现工作为抓手，串点成线，带动全局生态产品价值实现取得积极进展。

从四大试点生态产品价值实现机制推进工作看，云南省发展和改革委员会牵头普洱市、澄江市、水富市、屏边苗族自治县四大试点的生态产品价值实现工作，各地市纷纷成立生态产品价值实现机制工作领导小组，从省到试点市县形成生态产品价值实现机制的工作传导机制。普洱市成立了以市人民政府

主要领导为组长，分管领导为副组长的试点工作领导小组，围绕调查评价监测、经营开发、金融支持、质量安全、创新支撑等重点，建立完善推进工作机制。玉溪市成立了以市人民政府主要领导为组长的工作专班，澄江市成立以市委、市政府主要领导为组长的领导小组，下设若干专项工作组，细化各成员单位工作职责，有力保障试点推进。昭通市成立了由常务副市长担任组长，昭通市发展改革委和水富市人民政府主要领导任副组长的领导小组。红河州成立了由州、县党委政府主要领导任"双组长"的两级领导小组，其中，屏边县领导小组下设 1 个工作专班和 7 个专项工作组，形成"1+1+7"协调推进工作机制。

从九湖流域生态产品价值实现机制推进工作看，云南省政府印发《云南省九大高原湖泊流域生态产品价值核算工作方案》，成立了由常务副省长任组长，分管省领导任常务副组长的九湖流域生态产品价值核算工作领导小组，并将工作专班升级成为领导小组办公室，九湖所在州（市）分别成立了州（市）级工作领导小组，建立了"省级统一领导，部门分工协作，地方组织实施"的工作机制，实时跟踪调度。引入国家权威机构，结合省内资源优势，组建省级技术组，成立专家咨询委员会，多方合力推动生态产品价值核算及实践探索工作科学有序开展。

专栏一　四大试点和九湖流域基本概况

试点 1—普洱市：普洱市地处云南省西南部，辖 9 县 1 区，国土面积 4.5 万 km²，是云南省国土面积最大的州市，总人口 262.7 万。普洱市具有优越的自然地理条件（图 6-3），森林覆盖率达到 68.7%，县级以上的各种类型自然保护区多达 16 个，拥有全国 1/3 的生物物种以及 1500 万 kW 的水能蕴藏量。2014 年，国家批准普洱市作为国家绿色经济实验示范区。

图 6-3　景迈山古茶林
资料来源:《人民日报》, 虎遵会 摄

试点 2—玉溪市澄江市: 澄江市地处云南省中部, 生态本底条件良好, 拥有山、河、湖、湿地、森林等丰富的生态资源和典型的生态系统, 抚仙湖、阳宗海、帽天山、梁王山等生态资源条件突出, 素有"生命摇篮、山水澄江"的美誉。其中, 抚仙湖是我国最大的深水型淡水湖泊, 是珠江源头的第一大湖 (图 6-4), 流域面积 674.69km², 蓄水量 206 亿 m³, 占全国

图 6-4　抚仙湖
资料来源: 新华社记者胡超 摄

淡水湖泊蓄水总量的 9.16%，被列为全国 8 个水质良好湖泊生态环境保护试点之一和全国江河湖泊生态环境保护重点。澄江市以生态产品价值实现机制建设为抓手，协同构建高颜值的生态环境、高质量的经济发展、高品质的美好生活。

　　试点 3—昭通市水富市：水富市位于四川盆地与云贵高原、金沙江与长江的过渡地带，素有"万里长江第一港、七彩云南北大门"的美誉（图 6-5），森林覆盖率达 67.11%，先后荣获全国文明县城、云南省美丽县城、省级园林县城、中国天然氧吧、省级生态文明建设示范区等称号。水富市积极拓展"绿水青山"向"金山银山"转化通道，探索构建更加完善的生态产品价值转化机制，让生态资源更好地成为生态资本、生态红利。

图 6-5　水富市城市景观
资料来源："水富环保"公众号

　　试点 4—红河哈尼族彝族自治州屏边苗族自治县：红河州屏边苗族自治县位于云南省南部、红河州东南部，是全国第一批 54 个国家重点生态功能区之一。拥有丰富的水资源，是全国仅有的 3 大火山岩饮用天然泉水之一。近年来，依托水资源优势，积极发展水产业、生态康养业和观光旅游业（图 6-6），深度挖掘生态产品价值潜力，推动生态产品价值实现，助推屏边县实现绿色高质量跨越发展。

图 6-6　屏边魅力景观
资料来源："红河文旅"公众号

　　九湖流域：云南九大高原湖泊为滇池、抚仙湖、程海、泸沽湖
（图 6-7）、杞麓湖、洱海（图 6-8）、异龙湖、星云湖、阳宗海，是中国断
裂构造型湖泊的典型代表，九大高原湖泊流域是云南省人口最密集、活动

图 6-7　泸沽湖
资料来源：丽江市市委宣传部

最频繁及经济布局最集中的地区，占全省总面积约 2% 的土地，承载了全省约 15% 的人口和 25% 以上的 GDP。九湖流域生态环境优越，生态产品供给能力强，生态产品价值实现潜力大，是云南省开展生态产品价值实现的重点区域。

图 6-8　洱海
资料来源：《云南日报》，张成　摄

二、以生态产品价值核算为前提为生态产品价值实现打下坚实基础

云南省高度重视生态产品价值核算工作，把生态产品价值核算作为生态产品价值实现的"最初一公里"部署推进，在九湖流域和四大试点地区均开展了生态产品价值核算工作。从四大试点看，以普洱市为例，其高度重视 GEP 核算和考评工作，委托中国生物多样性保护与绿色发展基金会编制完成《普洱市绿色经济与生态产品总值 GEP 核算综合考评技术规范》，连续多年将绿色经济与生态产品总值（GEP）核算纳入了每年的政

绩考核。从九湖流域看，《云南省建立健全生态产品价值实现机制实施方案》明确提出"率先在九大高原湖泊开展生态产品价值核算试点"。聚焦九湖流域特点，创新建立了生态资产"存量"和生态产品价值"流量"双核算体系，选取了具有代表性的抚仙湖、洱海、星云湖流域率先开展试算测算，按照"边干边优化，边干边运用"的要求，在多轮实地调查和试算测算的基础上，持续对核算体系进行优化，完成九湖流域 2019—2021 年生态产品价值核算。九湖流域核算结果表明，九湖流域是我国生态产品价值实现最有潜力的区域之一，生态资产总值高，生态产品供给能力强，价值实现潜力较大。与全国县域生态产品价值核算的有关研究成果比较，九湖流域单位面积 GEP 是全国均值的 6.5 倍，人均 GEP 是全国均值的 1.5 倍，经营性产品供给能力超全国平均水平。

三、以大力发展特色生态产业作为促进生态产品价值加快实现的主阵地

云南省生态产品特色突出，生态产品供给能力强，生态产品价值实现潜力大，各地尤其是生态产品价值实现试点地区是立足本地生态优势、大力发展特色生态产业、推动形成生态产品价值实现的主阵地。普洱市发挥生态资源特色优势，聚焦做大做强咖啡和茶产业，率先在云南省实施生态有机茶园、咖啡园改造，有机茶园认证面积达 56.3 万亩，认证企业和认证证书数量均居全国地级市第一，普洱咖啡获得国家标准及英文版立项，"普洱茶"和"普洱咖啡"被列入首批受欧盟保护的中国 100 个地理标志名单。澄江市引导行业协会、示范企业参与建立澄江蓝莓、澄江民宿、澄江研学等行业标准和准入体系，引入医疗康养产业，布局精品民宿群，构建一批高标准研学基地，建设蓝莓、烤烟、荷藕等生态农业产业基地 320 个；大力发展

生态经济，不断构建"农文体旅商"一体发展新格局。水富市依托铜锣坝仙女湖、大峡谷等景区生态优势，大力发展全域康养旅游，推进"一县一业"竹产业年产值 1.3 亿元，农业"三品一标"认证产品接近 15 万亩，"铜锣山珍""永安金谷"等农业生态产品助农增收致富成效显著，永安金谷大米获国家"绿色食品 A 级"认证。屏边县聚焦"水、果"两大主导产业，建设水产业园，因地制宜开发高端饮用水、饮料、美容护肤水等高附加值涉水产品，拉长水资源开发产业链，朝着打造百亿级水产业集群前行；成功引进天然虾青素大健康产业融合发展项目、民族医药科技园项目落地建设，不断夯实大健康生物制药产业基础，"云药之乡"美誉更加名副其实。

四、以因地制宜探索多种模式为生态产品价值实现机制提供云南方案

云南省生态产品价值实现围绕自然资源权益因地制宜开展多种价值实现模式探索，形成了外溢共享型、赋能增值型、配额交易型等模式。一是外溢共享型，主要是生态受益地区政府通过横向转移支付、财政补贴等方式为生态保护地区进行生态补偿，以显化生态保护地外溢的价值。比如，云南省为赤水河上游生态保护付出巨大，为赤水河全流域生态安全保驾护航，从而获得贵州、四川等赤水河中下游地区的横向生态保护补偿。二是赋能增值型，通过自然资源权益的出让、转让、出租、抵押、入股等方式，促进自然资源资产及产品市场化运营，实现自然资源价值。比如，西双版纳野象谷景区引入省属国企，采取"经管分离"的合作运营模式，以协议方式约定提取固定收益分成，基本满足野象谷景区管护成本，实现了自然保护地整体保护和非消耗利用的资产有偿使用。三是配额交易型，准公共性生态产品转化为标准化的"指标"和"配额"产品后，通

过市场交易实现价值。比如，德宏州盈江县通过政府和国内公司联合开发碳汇试点，搭建盈江县林业碳汇认定流转平台和盈江县双碳生态可视化平台，把盈江县碳汇生态价值通过区块链技术确权量化，生成碳票，形成碳资产，推动无形的森林生态系统服务价值转化为有形的经济效益。

五、以平台建设和公共品牌塑造为促进生态产品价值实现提供支持

云南省生态产品价值实现试点地区结合各自生态产品和重点突破方向，积极成立生态产品行业市场化推进平台，编制生态产品目录清单，围绕质量等级、功能特点等，逐步建立一套生态产品分级分类体系。普洱市成立了有机茶产业联合会和普洱咖啡协会，为成员单位提供种植管理、生产加工、市场销售等方面的技术及培训服务。澄江市依托生态农庄、蓝莓产业、荷藕产业、民宿等协会和其他资源，组建澄江市生态产业发展协会，负责各领域生态产品分级分类准入体系制定、品牌打造与运营管理。水富市先后成立了竹产品协会、猕猴桃产业协会等生态产品发展协会。屏边县在成立荔枝、猕猴桃发展协会的基础上，正在组建全县生态产业发展协会。

坚持政府主导、市场运作的实现模式，试点地区优化或新成立了生态产品运营公司，负责项目前期谋划，项目成熟后交由第三方企业负责开发，共享项目利润。普洱市大力推进"中国普洱云"项目建设，建成全省首个场景式普洱茶品质区块链追溯平台，制定高于普洱茶地理标志产品国家标准的诚信联盟企业产品标准，农药残留检测项目从常规的48项提升至108项，探索"五个统一、四有四可"的普洱茶追溯体系，鼓励全市普洱有机茶、合作社进入平台交易。澄江市国投公司牵头对全市生态旅游、坝区流转土地、道路交通运输和生态农业等重要资

源进行整合，吸引社会资本和多元主体积极参与，现已完成生态产品价值核算数据收集，初步制定了相关核算体系。水富市统筹协调云南铜锣坝旅游开发公司、云南忠怡农副产品销售公司、水富西部大峡谷旅游公司等积极探索价值转化路径。

按照"统一标准、统一运作、统一监管"的要求，试点市县研究成立区域公用品牌宣传推广中心，建立政府所有、协会注册、公司运营的"母子品牌"运作模式，细化冠名公用品牌的门槛要求，有效提升了生态产品溢价空间。普洱市积极打造区域公用品牌，积极组织澜沧古茶、祖祥、天士力、龙生茶叶、柏联等企业申报"云南十大名茶"，引导支持各地积极申报、创建地理标志产品，引导申请地理标志产品证明商标。澄江市发挥抚仙湖 I 类淡水品牌 IP，着力打造以荷藕文化为主题的"藕遇仙湖"品牌、以渔文化为主题的"鱇浪白鱼"品牌、以生态蓝莓为主题的"中国最大露天蓝莓基地"等生态农业区域公用品牌。其中，马房村打造出悦莲、水生植物、熙和、大元、青禾等 5 个农业庄园，形成以"藕遇仙湖"为主体的系列产品品牌。屏边县借助专业团队力量，提出了"云端屏边"区域公用品牌、"火山泉、云上果、生态林、苗岭药、康养城"区域子品牌，确定了"云海听泉·醉美苗城"区域公用品牌广告语、区域公用品牌 Logo 和"美荔屏边·甜上云端"荔枝品牌 Logo。

六、以科技支撑为生态产品价值实现提供动力支撑

云南省级层面于 2023 年 12 月成立云南省生态产品价值实现研究院，由中国生态文明研究与促进会常务理事单位牵头成立，研究院专家委员会由国内外研究生态产品价值实现领域理论、学术、实践方面的专家、企业及政府相关部门组成。普洱市组建了茶叶产业专家组和咖啡产业专家组，负责开展普洱有机茶、普洱咖啡良种选育、加工技术、产品研发、质量检测等

多方面研究和服务；建立了人才服务工作站，设立专家基层工作站，搭建与企业、农户交流沟通服务平台。屏边县组建荔枝专家团，引进了国家荔枝首席专家团队入驻屏边，成立荔枝基层专家工作站，创建荔枝母本园基地面积 50 余亩，引进栽培品种 10 个，专家组指导建成百亩以上连片的荔枝示范基地 25 个。澄江市聘请 13 名国家级和省级专家推进生态产品价值实现机制工作，抽调专人配合专家团队开展工作，提供生态产品价值实现的具体指标数据和参考资料，统筹开展有关工作。

第四节　新安江流域开展生态产品价值实现机制的经验

　　新安江（图 6-9）发源于安徽省黄山市六股尖，向东汇入浙江省杭州市千岛湖，流域面积 1.1 万多平方公里。新安江流域生态补偿是习近平总书记亲自倡导和指导的全国首个跨流域生态保护补偿试点（图 6-10、图 6-11），从资金补偿到产业协作，从协同治理到共同发展，逐步走出一条上游主动强化保护、下游支持上游发展的互利共赢之路，有效地保护了流域生态环境，促进了区域经济的可持续发展，形成了著名的"新安江模式"。该模式已在 23 个省域、27 个流域进行了复刻推广，为其他流域提供了可借鉴的经验。

图 6-9　新安江流域跨省界断面实景
资料来源：新华社，樊成柱　摄

图 6-10　新安江上游横江
资料来源：作者拍摄

图 6-11　新安江上游练江
资料来源：作者拍摄

一、率先建立并不断丰富完善流域横向生态补偿机制

大江大河的跨流域综合治理难在流域上下游地区之间的统筹与协调。2012 年开始，新安江流域为了推进上下游地区形成"共护一江水"的合力，在全国率先建立生态补偿机制，至今历时 12 年，经历了四轮试点方案，不断完善生态补偿机制，形成了上下游地区协同共治、动态调整、不断创新的生态补偿机制。

生态补偿机制在实践中不断丰富完善。新安江流域上下游之间的生态补偿是动态调整的（表 6-1），先后经历了四轮生态补偿机制。2012 年，在财政部、环保部（今生态环境部）等部委协调和浙江省、安徽省的推动下，正式签订《新安江流域水环境补偿协议》，新安江流域跨省生态保护补偿机制正式设立首轮试点，开创了建立跨省上下游生态保护补偿机制的先河。第二轮生态补偿机制（2015—2017 年），印发《新安江水环境补偿试点实施方案》，中

表 6-1　新安江生态补偿资金来源及规模

阶段	资金来源	资金规模	合计
第一轮 （2012—2014 年）	中央层面、浙江省、安徽省	中央每年出资 3 亿元，浙江省和安徽省每年各出资 1 亿元	15 亿元
第二轮 （2015—2017 年）	中央层面、浙江省、安徽省	中央出资为 4 亿元、3 亿元、2 亿元，逐年降低，浙江省、安徽省每年各出资 2 亿元	21 亿元
第三轮 （2018—2020 年）	浙江省、安徽省	浙江省、安徽省每年各出资 2 亿元	20 亿元
第四轮 （2023—2027 年）	浙江省、安徽省	浙江省、安徽省 2023 年共同出资 10 亿元，之后，浙江省、安徽省按照 GDP 增长速度建立的"基数 + 增长"资金筹措模式出资	40 亿元 + 弹性增长额度

资料来源：根据相关政策文件整理。

央财政采取退坡式资金补助方式，引导浙江省和安徽省建立了生态补偿机制框架，生态补偿额度增加，生态补偿机制不断完善。第三轮生态补偿机制（2018—2020 年），中央财政资金退出，引导浙江省、安徽省建立更加完善的生态补偿机制，签订《关于新安江流域上下游横向生态保护补偿的协议》。第四轮生态补偿机制（2023—2027 年），中央区域协调发展领导小组办公室印发《新安江—千岛湖生态环境共同保护合作区建设方案（2023—2027 年)》，2023 年浙江省、安徽省签署《共同建设新安江 - 千岛湖生态保护补偿样板区协议》《新安江—千岛湖生态环境共同保护合作区建设联合办公室工作机制（试行)》《新安江—千岛湖生态环境共同保护合作发展专项资金筹集和使用管理办法》，建立了"省级联合办公室 + 专项合作机制 + 城市合作机制"的工作机制，将 2023 年合作区专项资金额度提高至 10 亿元。之后在此基础上，浙江省、安徽省按照 GDP 增长速度建立的"基数 + 增长"资金筹措模式，为流域生态保护和补偿提供了更多资金支持。

新安江流域建立了以水质为核心的生态补偿标准。生态补偿标准主要依据是浙江省、安徽省交界地区国家地表水考核断面的水质标准，水质监测标准以国家"水十条"和两省联合检测为依据。经过四轮生态补偿标准实践，逐步推动形成了以生态补偿指数（P）为核心的生态补偿考核标准 [式（6–1)]，并随着水质的不断改善和用水需求变化，不断调整 P 值参数，以适应不同阶段生态补偿要求。在第一轮试点中，以补偿指数 $P=1$ 为分界线，若 $P \leqslant 1$ 则浙江拨付 1 亿元给安徽，若 $P > 1$ 则安徽拨付 1 亿元给浙江。自第二轮试点开始，新增加 $P=0.95$ 为分界线，若 $0.95 < P \leqslant 1$，浙江拨付 1 亿元给安徽，若 $P \leqslant 0.95$，浙江拨付 2 亿元给安徽，若 $P > 1$ 或新安江流域安徽界内出现重大水污染事故，安徽拨付 1 亿元给浙江。

$$P=k_0 \times \sum_{i=1}^{4} k_i \frac{C_i}{C_{i0}} \tag{6-1}$$

式中　P——街口断面的补偿指数；

　　　　k_0——水质稳定系数，考虑降雨径流等自然条件变化因素；

　　　　k_i——指标权重系数；

　　　　C_i——某项指标的年均浓度值；

　　　　C_{i0}——某项指标的基本限值。

新安江流域建立健全跨流域水资源保护与水安全防治体系。浙江省、安徽省加强水资源保护和水污染防治跨流域合作，推动系统治理、综合治理、源头治理。新安江上游地区的黄山市常态化开展16条河道的综合整治，全面实施禁渔、禁捕、禁钓，首创统一采购、统一管理、统一回收等"七统一"农药集中配送模式控制农业面源污染，制定产业准入负面清单，通过关停淘汰、整体搬迁污染企业，拒绝污染项目、优化升级项目，有效消除工业点源污染。浙江省开创性设立全省唯一的淳安特别生态功能区，淳安县全面实施船舶污水上岸，构建水质监测预警体系，建设"秀水卫士"数字化应用场景（李肇桀等，2023），全面构建水质保障体系。

二、多途径开展生态产品价值实现机制的创新实践

以新安江流域上游地区的黄山市为例，通过新安江流域的生态保护，黄山市生态产品类型和价值得到极大拓展，开展了多样化生态产品价值实现机制的创新探索实践。

（一）建立健全生态产品调查监测机制。稳步有序推进全市重点区域自然资源统一确权登记，持续加强不动产登记相关系统平台建设。开展生态产品调查统计，成立了全民所有自然资源资产清查试点工作领导小组办公室，印发实施《黄山市全民所有自然资源资产清查试点工作实施方案》，摸清全市全民所有自然资源资产清查实物量、价值量，并形成了全民所有自然资源资产清查数据体系。

（二）建立健全生态产品价值评价机制。2021年黄山市制定了《黄山市生态系统生产总值（GEP）核算技术规范》，并在国家发展

改革委、国家统计局《生态产品总值核算规范（试行）》基础上进行修订，形成具有地方特色的 GEP 核算技术规范。设置生态物质产品、生态调节服务和生态文化旅游服务 3 个一级指标，以及 17 个二级指标，重点突出优质水源、康养服务等指标生态价值核算。摸排近 10 年的降雨、蒸发、湿度、温度数据，选定具有代表性意义的 2019 年度气象数据作为气象均值，在开展常规 GEP 核算之外，对历年 GEP 进行"可比价"核算。经核算，2022 年黄山市 GEP 为 3916.93 亿元，较 2021 年增长 2.25%，其中生态产品总值调节服务价值 2398.41 亿元，占全部 GEP 的 61.23%，较 2021 年增长 4.07%。

（三）在特定地域单元生态产品价值实现先行先试。制定《黄山市特定地域单元生态产品价值（VEP[①]）核算办法（试行）》，明确了特定地域单元物质产出、加工物质产出以及基于优质生态环境实施的住宅类、酒店民宿类、旅游休闲类、高端绿色制造业类等 6 类项目开发类型，按照物质供给、调节服务、文化服务 3 类一级指标和生物质供给、水源产品等 14 类二级指标进行核算，满足特定地域生态产品在经营开发、担保信贷、权益交易等市场发挥作用领域的价值实现要求。进一步研究确权方式，设计了 VEP 权益颁证流程。同时，联合中国科学技术大学知识产权研究院编制《黄山市特定地域单元生态产品价值（VEP）核算技术规范》，建立了具有黄山本土特色的 VEP 核算指标体系。以"祁门祁红"茶产业链开发（一期）项目为试点，首创"VEP 绿色贷"金融产品，试点项目总投资 3.88 亿元，通过 VEP 收益权质押获得中国农业发展银行贷款共计 3.1 亿元。

---

① VEP，Value of Ecosystem Product in Specific Geographic Vnits，特定地域单元生态产品价值，后同。

专栏二　祁门茶产业生态产品价值实现案例

依托一片叶子，以高标准品质提升产业效益。目前，祁门县茶园面积 19 万余亩（图 6-12），茶叶综合产值 65 亿元，茶农人均年收入 7200 元。全国首例特定地域单元生态产品价值（VEP）收益权质押贷款项目——"祁门祁红"茶产业链开发（一期）成功落地，融资 3.1 亿元。

提升源头品质。 推广祁门槠叶种等优良茶树品种，选育"红旗一号""祁红一号"等优质早茶品种（图 6-13）。建立"国有资本＋茶企（合作社）＋茶农"共享发展模式，采用物联网技术，部署数字化、信息化技术和控制作业装备高度集成系统，建成四季皆绿、四季有花、三季有果的生态示范茶园。

提升品质加工。 推广全域茶园绿色防控，建立农残检测、红黑榜等制度，发布涉及茶园气候、土壤等有机茶标准 10 项，依托安徽省农产品质量安全追溯系统平台和祁门县智慧农业云平台，不断提升祁门茶叶质量。

推动茶旅融合。 依托县内茶园资源和自然环境，加大对祁红茶旅基地路线打造（图 6-12），建设环倒湖茶养生度假区、祁红小镇茶乡风情体验

图 6-12　祁门茶园
资料来源：祁门县人民政府

区等茶旅综合体4个，推出"祁门风情游"等茶旅线路4条。其中"祁境寻茶之旅"入选2024年新茶饮茶文旅线路，被评为"全国特色美丽茶乡"。

图6-13　祁门茶产业宣传照
资料来源：祁门县人民政府

　　建立健全生态产品经营开发机制。充分发挥安徽省生态产品交易所平台优势，开展林权、集体经营性资产、农房使用权等产权交易。在黟县设立"两山"公司，借鉴银行模式，把碎片化的山、水、林、田、湖、草、闲置农房等生态资源进行规模化收储和市场化运作。成立村级"强村公司"559家，作为村级生态产品供给、交易主体，通过收储流转农房使用权、宅基地资格权、宅基地使用权、土地承包经营权，组织实施涉农产业项目，经营特色种养业、农产品加工、乡村旅游等方式带动村集体增收。组建田园徽州精致农业科技发展有限公司，推出"田园徽州"农产品区域公用品牌，覆盖茶叶、特产食品等5大类565款产品，着力提升生态农产品附加值。

专栏三　"塔川模式"：民宿＋多产业融合，促进传统民居生态产品价值实现

安徽省黄山市黟县宏村镇塔川村以"民宿＋多产业融合"为切入点，依托高端生态度假型民宿塔川书院，通过政策引领、能人带动、村企联动、企业运作，整村推进生态、文化资源开发，促进共同富裕，走出了一条"景村共生"的"塔川模式"，成为促进传统民居生态产品价值实现的标杆。

一、背景

黟县素有"桃花源里人家"之美誉，塔川村则是黟县桃花源中众多独具魅力的山间村落之一，始建于明朝天顺七年（1463 年），距今已有500 多年的历史。塔川村形似"塔"，背倚黄山西南余脉黄堆山，遥对碧波荡漾的十里奇墅湖。村庄因有"川"过而富有无穷灵气，清溪也因穿"塔"而更显活力。

塔川村由于处在黟县大宏村景区边缘，所以并不能像核心景区内的其他村民那样，享受到旅游带来的大量红利，村民整体并不富裕。2015年有村民 400 余户，闲置房屋 40 栋。村民年收入 14760 元／人，村集体收入 10.9 万元，该村属于宏村镇中低收入村。身处风景秀丽、文化底蕴深厚的塔川村而过着苦日子是村民当时的真实写照，亟待破解发展难题。

二、主要做法

（一）完善政策设计。黟县根据黄山市已出台的《黄山市古村落保护管理办法》《黄山市古民居原地保护中产权转移程序》《黄山市古民居原地保护利用产权转让管理暂行办法》等 7 项政策措施，建立了房屋登记、土地使用权转让、古民居转让程序等规章，为徽派古民居保护和利用、徽州乡村民宿产业发展提供了强有力的政策支持。黟县率先开展乡村运营机制创新整县试点，出台了《闲置农房（宅基地）有偿退出、流转暂行办法》，已有偿退出并依规发放农房经营权证 2 本，不动产权证 4 本。出台集体经营性建设用地入市实施意见和工作方案，明确入市条件、方式、交易规则、收益管理等关键环节。

（二）科学规划产业形态。聚焦各村优势产业，按照"一村一品、一村一产"思路，形成"民宿＋餐饮、民宿＋文创、民宿＋农产品、民宿＋度假、民宿＋农事体验、民宿＋康养"等多业态融合的"民宿＋"的乡村产业振兴之路，实现了生态环境优势向生态产品价值的转化。

（三）搭建交易平台。黟县政府成立多部门工作专班，委托黟县国有投资集团有限公司牵头成立"黄山市两山转化运营有限公司"，建立生态资源资产管理大数据平台，通过平台的资产流转系统，将乡村闲置农房、宅基地、撂荒地等自然资源在平台上进行收储、竞拍和交易。联合金融机构针对性开发特色金融产品，"两山贷""强村贷"等一批"两山"转化特色贷款品种相继面市。启动银行授信服务，黟县徽商银行已向黄山市两山转化运营有限公司授信2亿元，通过市场逻辑和资本力量，可持续地将当地生态资源开发为富农红利。

（四）资源底数清查。黟县立足县域乡村资源优势，进行全方面生态产品信息摸排核实，建立优质资产资源库，准确掌握"两山"转化的"现有家底"。截至2022年9月，全县已累计摸排登记农村闲置资产283处，其中摸排空心村、闲置连片农房等优质资产66处。

（五）资金进入促进产业提升。塔川村配套实施"三线下地"工程、村庄美化工程和高标准农田建设项目，并种植油菜、荷花、向日葵等景观作物和梅花、八角械、桂花、菊花等观赏植物，打造塔川村南侧与宏村东侧1000余亩农田田园风光衔接段节点，实现了村容村貌旅游化提升，使塔川村实现从秋季有景到四季有景的转变。

塔川书院租用塔川村村民五栋徽派民居、建筑及园林用地9亩、稻田园圃66亩，在保持建筑原貌的前提下，遵循"景村共生"的理念，师法自然、尊重自然，结合塔川村乡村特色的地势、溪流、田园再现诗词意境，打造多组团徽派园林群落，成为塔川村新的人文生态景观。

以"多方融合、利益联结、赋能乡村"的发展思路，塔川书院配套共享餐厅——味象餐厅，可同时容纳300~400位客人就餐，塔川书院餐饮部也解决了周边民宿同行餐饮配套弱的问题，提升了服务能力。餐厅内设有旅游伴手礼专柜，搭建城市与乡村交流桥梁，采用订单式供应当地土特产及农副产品。

（六）协议管理。塔川书院发挥龙头带动作用，推进协议管理，推进产业协同发展。塔川书院已经与 50 多位塔川书院会员签订协议，精准带动农业、养殖业、乡村生态度假产业发展。

三、工作成效

自 2017 年塔川书院运营以来，通过 6 年多的摸索和总结，找到了一条"景村共生"、整村推进乡村生态产品价值实现的发展路径和模式。

（一）多产业融合发展。在塔川书院带动下，塔川村有 70 户农户参与开发中低端民宿，实现错位发展、配套发展，形成规模效应。从 2015 年的 30 余家乡村民宿，发展到了今天 72 家的"塔川民宿集群"，从业人员由原来 90 余人发展到今天的 200 余人。此外，塔川村有近四分之一农户经营农家乐，还有村民通过塔川书院平台经营售卖自产蜂蜜、竹笋、香榧等农产品，仅销售农产品一项每户可增收 8000 元以上，初步形成了民宿＋农产品＋农事体验的产业体系，为助推乡村可持续发展和实现共同富裕打下良好的基础。

（二）生态溢价明显。塔川书院是当地生态产品价值实现的主要载体，自 2017 年开业以来，依托良好的生态环境资源，充分得到游客的市场认可，民宿居住价格基本不受外界过多的影响。2022 年，单间客房价格在 1969~2892 元之间，两居室套房价格达到 6226 元，而同期黄山市最高端的五星级酒店单间客房价格在 628~929 元之间。塔川书院周边自然山水、人文环境等生态产品的价值，通过塔川书院载体得到充分实现，并最终以市场 3 倍以上溢价的方式表现出来。在塔川书院平台上销售的土特产及农副产品，平均价格高于同类产品市场销售价格的 20%~30%，农特产品生态溢价也很明显。

（三）村民收入增长。塔川书院坚持"发展依靠村民、成果惠及村民"的理念，通过租赁村民的房屋、稻田，应聘农业种植员、客房服务员和园林管护员等方式，与当地村民共享生态产品价值实现成果，实现了地方产业和村民"获得感"的双提升。

塔川整村生态环境和人居环境持续向好，村容村貌焕然一新，村庄变花园，慕名而来游客逐渐增多。据统计，游客从2010年的3.6万人次增长到2019年的17.95万人次，旅游收入由2010年的57.94万元增长到2019年的396.4万元。

田地租金、工资收入，加上每年的塔川景区旅游经营分红，村民的收入稳中有升，塔川村民人均收入已由2015年的14760元增长到2021年的22907元，高于全省农民平均收入4500元，实现了全村31户58人稳定脱贫。村集体经济由2015年的10.9万元增长到2021年的50万元，为乡村振兴奠定了坚实基础。

（四）经验输出。2017年，塔川村成功获批为国家级森林公园，入选全国森林旅游扶贫典型案例和第二批全国乡村旅游重点村。2020年，塔川村入选全国乡村旅游重点村，被中欧国际工商学院收录为教学案例。2021年，塔川书院获得"国家甲级民宿"称号。2022年，"塔川模式"开始走出黄山市，在安徽省省内外乡村复制推广。当前，安徽省合肥市庐江县乡村运营项目已完成签约，安徽省阜阳市、河南省信阳市项目正在洽谈中。

四、案例启示

在政府的推进下，国有资本、民营资本为传统民居、传统村落赋能，唤醒沉睡资产，在徽文化底蕴深厚、生态优良的黄山具有极强的示范带动作用。未来需要在提升"塔川模式"的过程中，进一步在资金融通、产业准入、治理模式等方面规范管理，为资本、人才、创意落地提供全流程服务和指导。

专栏四　休宁县山泉流水鱼养殖系统生态产品价值实现案例

安徽省黄山市休宁县秉承"在发掘中保护、在利用中传承"的发展理念，推进山泉流水养鱼农业文化遗产保护与利用实践，制定出台保护与发展规划、划定了文化遗产核心区、加大资金与技术投入，有效促进了生态产品价值实现。

一、背景情况

休宁县历史悠久，境内"一源两水三百河，七十水库五千塘"，是新安江、富春江和钱塘江的源头。休宁先民利用溪涧纵横、山高林密、青饲料来源丰富等自然条件，在家前屋后、河边、庭院天井中挖坑筑池，引入山泉养鱼。山泉流水鱼（简称"泉水鱼"，后同）养殖鱼池都设有进水口和出水口，池内水流均匀，鱼粪、饲料残渣等可以随水自然流走，同时也保证了池水拥有较高的溶解氧（图6-14）。由于常年生长于清水、冷水、活水环境中，山泉流水鱼微量元素丰富，加之用当地绿色无污染的瓜、菜、叶等喂饲，不仅鱼肉细腻鲜美，而且胶原蛋白、氨基酸、矿物质含量、脂肪酸、肉质结构等方面均优于一般草鱼、鲤鱼等，营养价值极高。"森林－溪塘－池鱼－村落－田园"的休宁山泉流水养鱼系统具有丰富的农业生物多样性，当地传统的流水养鱼知识与技术体系和独特的生态与文化景观，是人类农耕文明进步的历史见证，是人与自然和谐共处的东方典范。

随着现代养鱼技术的植入和生态文明理念的深入，山泉流水养鱼业正逐步步入黄金发展期，山泉流水鱼养殖产业逐年壮大，山泉流水鱼养殖收入约占山区农户年收入的20%。近年来，为推进山泉流水鱼养殖系统的保护与开发，休宁县始终秉承生态优先、绿色发展的理念，以实施"六有"（有品牌、有市场、有组织、有规范、有效益、有环保）工程为抓手，成立了休宁县泉水鱼产业协会，引领泉水产业基础设施建设，健全完善泉水鱼产业体系和经营机制，探索出一条"绿水青山"向"金山银山"转换的有效路径。如今的休宁山泉流水养鱼融合生态、文化、旅游、康养等多种元素，已成为与休宁好山好水一脉相承的生态产业、广大群众增收致富的主导产业，焕发出蓬勃的生机与活力。

二、具体做法

休宁县通过政府扶持、企业推动、科研支撑、农民参与等方式，深入推进山泉流水养鱼系统保护与山泉流水养鱼全产业链发展，持续擦亮山泉

图 6-14　传统山泉流水养鱼系统
资料来源：休宁县人民政府

流水养鱼这张重要的农业文化遗产名片（图 6-14）。

（一）强化政策引领，完善扶持体系。制定出台了《休宁县山泉流水养鱼系统保护与发展规划》《休宁县"泉水鱼＋金融＋科技"试点项目实施方案》等系列支持政策，建立健全山泉流水鱼产业体系和经营机制。

一是坚持"山泉流水鱼＋金融"，提升产业有效投入。通过与中国建设银行休宁支行合作，安排专项资金 300 万元作为担保基金，建立"泉水鱼贷"金融产品，已累计对 10 家经营主体发放贷款，贷款金额 1295 万元；通过与国元保险公司合作，安排专项资金 25 万元，开展山泉流水鱼特色产品保险试点，对渔业经营主体开展贷款贴息。

二是坚持"山泉流水鱼＋科技"，增强产业发展支撑。通过与科研院所合作，组建了由上海海洋大学、安徽省水产技术推广总站、休宁县农业农村水利局、山泉流水鱼鱼苗养殖企业等多方共同组成的山泉流水鱼产业技术创新团队，致力于服务休宁泉水鱼品牌建设，实现壮大产业、农民增收两个目标，整合建立良种繁殖、病害预防、饵料供应、示范带动、市场推广五个系统，推动山泉流水鱼产业的绿色健康发展。

三是坚持"山泉流水鱼＋标准"，做强产业经营主体。发布实施省级地方标准《山泉流水养殖草鱼技术操作规程》DB 34/T　3162—2018，规范了山泉流水养殖草鱼的技术要求。以3大示范基地（标准化示范基地、融合化示范基地、科技化示范基地）建设为重点，鼓励与支持20家山泉流水鱼生产经营主体开展了25个建设项目（图6-15），总投资达到1900万元。通过项目的实施，有效地增强了规模养殖主体的实力，带动了休宁渔业标准化、集约化生产，其中黄山鼎新生态农业发展有限公司通过第一批国家高新技术企业备案，实现黄山市泉水鱼养殖类高新技术企业零的突破。

图6-15　龙田乡浯田村茶子岭鱼庄
资料来源：休宁县人民政府

（二）深挖文旅资源，促进产业融合。充分利用山泉流水鱼产业跨界融合的优势，推进"山泉流水鱼＋文化＋旅游"深度融合发展，提升山泉流水鱼产业链条。

一是讲好"鱼故事"。深入挖掘具有当地特色的"鱼文化"，通过新闻稿件发表、微信公众号宣传等线上宣传方式，扩大山泉流水鱼的影响力。通过举办"泉水鱼节""泉水鱼烹饪大赛"等线下活动，打响山泉流水鱼的知名度，形成了独具特色的生态美食、以文化体验、山水度假、乡村休闲等新型业态。

二是延长"鱼链条"。在山泉流水鱼养殖核心区,打造集休闲、观光、渔家乐于一体的山泉流水鱼基地7个,建成山泉流水鱼体验馆和鱼博物馆各1家,渔家乐179家。积极与北京喜来登酒店、黄山学院烹饪教研室等共同协作,开发"一鱼三吃""全鱼宴"等12个系列菜品,组织渔家乐培训,提升山泉流水鱼菜系烹饪服务水平。

三是建好"鱼基地"。通过与科研院所、高等院校合作,建成了一批休宁山泉流水养鱼系统历史发展的科研基地、文化教育基地、人与自然和谐发展的生态教育基地、"森林-溪水-池鱼-村落-田园"复合型农业文化遗产地等示范基地(图6-16),有效地促进产学研融合,把"草鱼变成金鱼"。

图6-16 板桥泉水鱼油菜花节
资料来源:休宁县人民政府

(三)注重品牌培育,服务渔业发展。实施了"休宁泉水鱼"品牌培育工程,通过整合、完善、优化产业品牌发展,推进山泉流水鱼产业品牌化发展。

一是做强区域公共品牌。以休宁县泉水鱼产业协会为主体,注册了"休宁泉水草鱼"地理标志证明商标,制定了品牌授权管理办法,同时围绕山泉流水鱼养殖，共收集、制定技术标准125项，管理标准39项，工作标准11项，合计175项。其中国家标准88项，行业标准33项，地方标准8项，团体标准3项，企业标准33项，涵盖了从鱼苗繁育、养殖场建设、养殖技术、成品鱼产品、检测技术、包装运输等方面标准。2021年"休宁泉水草鱼"获得了全省首批有影响力的绿色食品区域公用品牌。

二是做大企业特色品牌。为推动山泉流水鱼产业高质量发展，休宁县结合当地实际，先后培育了石屋坑泉水鱼（汪村镇）（图6-17）、泉鱼小镇（龙田乡）、板桥泉水鱼（板桥乡）（图6-18）、茶子岭泉水鱼（龙田乡）、龙坑源（龙田乡）5个山泉流水鱼品牌，注册石屋坑（汪村镇）、龙堂（陈霞乡）、鲵源（溪口镇）、徽泉（陈霞乡）、一线泉（板桥乡）、龙坑源（龙田乡）、新安山泉（海阳镇）7个山泉流水鱼养殖商标，其中"新安山泉"泉水鱼品牌2022年获得了"皖美农品"产品品牌称号。黄山石屋坑渔业科技有限公司被认定为省级商标品牌示范企业。

三是做优市场体系。采取"公司＋合作社＋农户"发展模式，为山泉流水鱼养殖户搭建产供销一条龙服务，黄山市泉水鱼产业开发有限公司、黄山石屋坑渔业科技有限公司等企业先后在龙田、汪村、月潭湖等乡镇建

图6-17　汪村镇石屋坑山泉流水鱼基地
资料来源：休宁县人民政府

图 6-18　板桥乡徐源村古道、溪流、鱼塘
资料来源：休宁县人民政府

立山泉流水鱼活体存储基地 5000 平方米，在合肥、上海、杭州、南京等地搭建了稳定的购销网点，在黄山市中心城区建立了山泉流水鱼直供中心，在上海江阳市场设了山泉流水鱼中转站。全县销往长三角地区水产品销售额突破 1 亿元，黄山市泉水鱼产业开发有限公司被认定为省级长三角绿色农产品供应基地。

三、取得成效

（一）规模效益逐步显现。截至 2022 年底，全县 21 个乡镇有 17 个发展山泉流水鱼产业，共建成山泉流水鱼鱼池 6391 口（新改建鱼池 5211 口、恢复老鱼塘 1180 口），家庭养殖户达 4000 余户（约占山区总农户的 20%）；培育山泉流水鱼农民专业合作社 5 家，养殖企业 17 家、家庭农场 22 家；培育山泉流水鱼省级一村一品专业示范村 1 个，市级一村一品专业示范村 4 个。养殖品种涵盖了泉水草鱼、石斑鱼、马口鱼、大鲵、锦鲤、红鲤、光倒刺鲃、黄颡鱼、鲟鱼等多个名特优新品种。山泉流水鱼产量突破 2000 吨，实现综合产值 5.35 亿元，山区山泉流水鱼养殖户年人均增收 1500 元。

（二）产地环境持续改善。休宁山泉流水鱼农业文化遗产系统，本身就是人与自然和谐共生的生态文明典范，具备生物多样性保护、水土保持、水源涵养、调节小气候等生态功能。在山泉流水鱼产业发展过程中，当地始终坚持绿色发展、守好"绿水青山"。在农户鱼塘原有传统养殖草鱼的基础上，试养草鱼之外鱼种，通过混养模式，开发新的适合当地养殖、周期短、经济价值高的石斑鱼、马口鱼、鲟鱼等。在鱼塘周围探索南瓜、猕猴桃、葡萄等瓜果蔬菜套种模式，科学处置养殖废弃物。在集中养殖区开展了山泉流水鱼尾水处理系统建设，实现了"以水养鱼、以鱼保水"的生态循环，有效地促进了产地生态环境的改善，2022年，休宁县森林覆盖率达83.52%，$PM_{2.5}$平均浓度27μg/m³，PM_{10}平均浓度38μg/m³，环境空气质量在全省名列前茅，全县饮用水源地水质各项指标稳定达到或优于Ⅲ类标准，达标率100%。

（三）产业链条不断升级。连续八年举办"泉水鱼节""泉水鱼烹饪大赛"等活动，吸引游客近百万人，形成了独具特色的生态美食和文化体验、山水度假、乡村休闲等新型业态。结合全国乡村治理示范村创建，实施了泉水鱼传统村落提升项目建设，培育了一批泉水鱼产业传统村落。以祖源、木梨、板桥呈村等乡村旅游示范点为节点，建成了一批以乡村摄影、鱼旅融合为主题的精品旅游线路。通过融合发展，不仅提升了"休宁泉水草鱼"的品牌知名度，而且拓展了整个品牌产业链条的延伸。

（四）带动能力逐步增强。在推进山泉流水养鱼系统保护和开发过程中，当地坚持农民所有、所用、所享，让他们成为农业文化遗产保护与开发最主要的参与者和最主要的受益者。先后开展了村集体建鱼池脱贫户分红、以鱼池或小额信贷入股经营、自养合作社代销、参与就业等产业发展模式的探索与实践，全县泉水鱼产业辐射带动脱贫户900余户、1900余人稳定脱贫，其中村集体建鱼池贫困户分红，带动贫困户240户，每年户均分红500元；贫困户以鱼池或小额信贷入股经营，带动贫困户78户，每年户均收入300~500元；贫困户自养合作社代销，带动贫困户140户，每年户均收入3000~5000元；贫困户参与就业，带动贫困户440余户，每年户均收入3000~10000元。山泉流水鱼产业已逐步成为山区农村的绿色产业、扶贫产业、富民产业。

建立健全生态产品保护补偿机制。在新安江启动实施全国首个跨省流域生态补偿机制试点，累计投入资金200余亿元，在全流域实施"十大工程"。试点工作写入中共中央组织部组织编选的《贯彻落实习近平新时代中国特色社会主义思想、在改革发展稳定中攻坚克难案例》、中共中央、国务院印发的《生态文明体制改革总体方案》《长江三角洲区域一体化发展规划纲要》；入选全国十大改革案例、"改革开放40年地方改革创新40案例"，试点经验在全国20个流域（河段）、21个省级行政区全面推开，成为我国生态文明制度建设的重大创新。深入推进生态环境损害赔偿，加强案件线索筛查、核查并制定线索清单。对生态环境损害赔偿案件开展生态恢复"回头看"，检验全市2019年以来环境损害事件恢复效果。2023年办理生态环境损害赔偿案36件（已全部结案并录入系统），上缴国库生态赔偿金28万元、购买林业碳汇134吨、恢复林地3.01万 m^2、补种林木7776株。

建立健全生态产品价值实现保障机制。制定印发《黄山市生态产品总值（GEP）核算工作方案》，对黄山市所有区县开展GEP评价，围绕生态系统面积、生态系统质量、生态系统提供生态产品与服务能力以及生态产品价值实现路径探索等情况，科学评估各地生态系统建设与保护成效，以及生态产品价值转化应用情况。对徽州区、歙县望江山—丰乐河区域问题举一反三、排查梳理，谋划实施了望江山—丰乐河区域水环境治理和生态修复暨绿色转型发展EOD（绿色生态办公区）项目。积极开发使用权抵押、产品订单抵押等绿色信贷业务，不断拓宽融资抵质押物范围，累计开发生态环境建设与保护贷、名茶贷、民宿贷、兴游贷等信贷产品50余个。成功发放全省首笔水排污权抵押贷款，2家企业分别获水排污权抵押贷款60万元、200万元。不断拓展绿色保险覆盖范围，推动保险资金通过多种形式积极参与绿色项目投资建设，全市绿色保险在保主体11.14万户、同比增长102%，保费收入600万元、同比增长125%，提供风险保障11.5亿元，同比增长近20倍，赔付支出2100万元，同比增长 256%。引导金融资源向生态农业、绿色建筑、绿色交通、环境基础设施等绿色产业集聚，推动绿色信贷快速增长，全市绿色信贷余额达 190.48 亿元、同比增长 65.14%，高于各项贷款平均增速 42.89%，为生态产品价值实现提供了重要支撑和资金保障。

建立健全生态产品价值实现推进机制。加强组织领导，完善生态产品价值实现制度体系，推动督促落实，严格执法。成立以当地市委书记和市长分别为组长的生态产品价值实现机制工作领导小组，印发《黄山市生态产品价值实现机制试点工作实施意见》，明确建立生态产品价值评价体系、丰富生态产品价值多元实现路径、健全生态产品保护双向补偿机制、健全生态产品价值实现保障措施、形成生态产品价值实现推进合力等重点任务，加快生态含绿量变为发展含金量。出台《黄山市环境空气质量生态补偿暂行办法》《黄山市地表水断面生态补偿办法》《黄山市水排污权抵押贷款操作指引（暂行）》，实现重点领域环境质量生态补偿全覆盖。积极推进试点示范，2022 年，被评为安徽省唯一生态产品价值实现机制试点城市。2023 年，承办全国生态产品价值实现机制经验交流现场会。2024 年获批国家首批生态产品价值实现机制试点。实行监测预警、通报调度、督查督办、查处问责闭环管理机制，督促各项工作落实。在新安江源头设立生态保护巡回法庭，中下游设立水上流动法庭、司法保护新安江工作站，全市共起诉破坏生态环境资源类犯罪 41 件，办理公益诉讼案件 32 件，审结环境资源案件 210 件。

三、开展流域上下游多样化的生态保护补偿合作

新安江流域生态产品价值实现在从试点向共同合作保护区转变后，空间范围相应扩展并进行类型划分，从原来安徽省黄山市、宣城市和浙江省杭州市 3 市 10 县（区）拓展至安徽省黄山市、宣城市和浙江省杭州市、嘉兴市 4 市 34 县（区），并区分重点区、协同区和合作区。在生态保护补偿合作方面，从原来基于水质、以资金为

主的生态补偿向构建生态共保、环境联治、产业联动、要素共享、协同合作的新模式、新业态转变。在国家统筹指导下，浙江省、安徽省创新引入产业和人才补偿指数（M 值），并与 P 值分别作为合作区专项资金分配和出资依据，将资金使用范围拓展至自然资源保护、生态环境治理与修复、经济社会发展和民生改善等领域，成为"新安江模式"深化拓展的又一阶段性成果。同时，浙江省、安徽省提出每年共同推进"浙皖合作十件事"，杭州市、黄山市提出 2024 年合作清单，涉及文旅休闲、现代农业、人力资源、医疗康养、教育研学等多个领域，开启了新安江流域由"一水共护"迈向"一域共富"的新征程。

第五节　我国生态产品价值实现机制的实践经验

结合落实国家生态产品价值实现机制的意见要求，我国开展了丰富的生态产品价值实现机制探索实践，围绕生态产品价值实现的组织模式、产品体系、市场交易、保障体系等，积累了可供其他地区借鉴的实践经验。

一、建立政府居间协调组织、多主体共同参与的生态产品价值实现组织模式

尽管各地在生态产品价值实现模式和路径上各有特色，但在生态产品组织运行上，政府部门始终承担居间协调组织的作用，在方案制定、政策制定、实施监管等方面发挥主导作用，并引导企业、公众和社会组织多主体参与生态产品供给、核算、实现、保障等各环节，有效规避"机制失灵""搭便车"和"公地悲剧"等现象。比如，丽水市在推进生态产品价值实现进程中，政府发挥重要组织引导作用，编制《浙江（丽水）生态产品价值实现机制试点方案》《生态产品价值核算指南》DB 3311/T 139—2020、《关于促进 GEP 核算成果应用的实施意见》《基于生态产品价值实现的金融创新指南》DB 3311/T 169—2021 等实施方案，搭建"花园云"生态环境智慧监管平台、"天眼守望"卫星遥感数字化服务平台等支撑平台，引导企业、个人、社会组织等多主体共同参与生态产品价值实现全过程，打造了生态产品价值实现的"丽水样板"，既保障了"绿水青山"，又促进了"绿水青山"向"金山银山"高效转化。

二、以构建现代化特色生态产业体系为主抓手促进生态产品价值实现

生态产品价值实现机制实施过程中仍然面临不少问题和挑战，比如生态资产产权不清晰、核算难度大、配套政策资金欠缺等问题，但各地普遍将构建特色化现代产业体系作为主抓手，畅通"两山"转化通道，推动生态优势加快向经济优势转变。比如，密云区加快构建生态农业、生态康养、生命科学为主的现代化特色生态产业体系，普洱市加快构建以普洱茶和咖啡为主的生态农业、生态康养产业等为主的现代化特色生态产业体系，屏边县加快构建以火山泉、云上果、生态林、苗岭药、康养城为特色的现代化生态产业体系。以生态为底色的现代化生态产业体系，促进生态产品加快向市场商品转变，推动生态价值向经济价值有效转化释放。

三、建立促进生态产品价值实现的市场支撑体系

只有建立和培育促进生态产品价值实现的强大市场，包括市场平台、监管体系、标准体系等支撑体系，才能推动高品质生态资产向高价值生态资本的有效转化。浙江省丽水市作为国家生态产品价值实现试点，通过创新培育"两山公司"、搭建"两山银行"交易平台、开展"浙林碳汇"区域交易、构建"两山金融"服务体系等，推动林地使用权、水域养殖权等进行交易、抵押和贷款，尤其是林权资产评估规模超过 100 亿元，林权抵押贷款规模超过 200 亿元，直接盘活 171.5 万亩公益林；吸引了上市公司科伦药业等一批对生态环境要求高的企业落户，2019 年前的年旅游总收入超过 500 亿元；丽水生态环境状况指数、发展进程指数、发展水平指数等综合指标位居浙江省前列，实现了由"经济后发"地区向"生态先发"地区的绿色高质量发展转型。

四、建立科学的生态产品价值核算技术体系

科学合理的生态产品价值核算技术体系，对于实现生态产品价值具有重要意义。丽水市首创生态产品价值核算评估应用体系，发布全国首个生态产品价值核算地方标准，研究制定《关于促进 GEP 核算成果应用的实施意见》，建立了与 GEP 总量、GEP 增长等指标相挂钩的财政奖补机制，探索建立基于 GEP 核算的生态产品政府采购制度和生态产品采购资金保障机制。云南省九湖流域创新性建立了生态资产"存量"和生态产品价值"流量"双核算体系，选取了具有代表性的抚仙湖、洱海、星云湖流域率先开展试算测算，按照"边干边优化，边干边运用"的要求，构建并不断完善了生态产品价值核算技术体系。

五、建立促进生态产品价值高效转化的法治保障体系

生态产品的公共品属性，决定了通过市场交易机制实现其经济价值的过程离不开完善法治化环境的支持，法律政策可以为生态产品的产权界定、产权交易各方责权利划分、执法等提供法治保障。浙江省丽水市制定《丽水市级饮用水水源地保护生态补偿管理办法》《丽水市生态环境损害赔偿资金管理办法（试行）》，创新生态产品价值实现机制实践。江西抚州设立抚河流域环境资源法庭，以生态司法提升流域生态产品价值。北京市为促进生态涵养区保护和发展，启动《北京市生态涵养区生态保护和绿色发展条例》，为密云区在"增加生态指标综合补偿"等方面提供了生态文明立法支撑。

第七章

生态产品价值实现机制
落实的难点堵点问题

虽然生态产品价值实现机制建设取得不少成效，但在建设过程中也暴露出不少问题，通过对云南省、北京市等生态产品价值实现机制试点地区的调研发现，生态产品价值实现机制在实施过程中呈现的问题主要包括技术问题、机制问题、政策问题和推进能力不足等问题。

第一节　生态产品确权登记进展慢，"产权界定难和处置难"问题明显

生态产品确权是增加生态产品供给和促进生态产品价值实现的前提。生态产品产权属性类型多，包括公共性生态产品、准公共性生态产品和经营性生态产品，产权内涵丰富，所有权、使用权、经营权往往分散在不同主体手中，现行生态产品确权规则仍然属于"粗线条式"，不能满足生态产品精准确权、快速确权的现实需求。受一系列体制机制约束和技术不完善的影响，生态产品产权不清晰、权责不明确的问题十分突出，制约了生态产品市场化交易和产业化发展。虽然自然资源部（时为国土资源部）于 2016 年发布了《自然资源统一确权登记办法（试行）》（国土资发〔2016〕192 号），但实际确权进展依然较慢。主要存在两个突出问题，一是自然资源分类不科学，将自然资源分为水流、森林、山岭、草原、荒地、滩涂和探明储量的矿产资源七大类，存在交叉重叠、个别类型识别困难等问题；二是确权登记单元空间界定不清，缺乏统一的各类自然资源生态空间范围技术规范与技术标准体系（孙博文，2022）。已完成确权的生态产品在价值实现过程中常出现产权处置难的

问题，比如，云南省的调研发现，部分试点地区探索林权抵押融资贷款，在出现贷款违约情形时，银行对抵押林地不能行使完全处置权，导致这类生态金融产品出现"集中坏账"问题，甚至出现造成中小银行流动性风险的个案，严重挫伤了金融机构参与生态产品价值实现的积极性，不少金融机构反映参与生态产品价值实现实际上是为了完成下达任务，并不是自发的市场行为。

第二节 生态产品价值核算复杂，"结果算出来也没大用"情况突出

生态产品价值核算是推动促进生态产品价值实现的基础。20 世纪末以来，西方学术界开始推动对自然资源生态价值估算的研究，探索了物质量评价法、能值分析法、市场价格法、机会成本法、影子价格法、人力资本法、资产价值法、支付意愿法等评估方法（杨艳等，2020）。但由于资源价值理论尚没有统一，生态产品价值估算本身就是一项复杂且困难的工作，对于生态产品价值来源、核算方法、模型选择、参数选择、统计口径和技术手段等也存在争议。2022 年国家发展改革委联合国家统计局研究出台了《生态产品总值核算规范（试行）》，将生态产品总值核算评价体系分为行政区域单元和特定地域单元两类，列出了不同生态系统类型所对应的生态产品价值核算指标，从实物量和价值量两个维度针对不同生态系统分别制定了具体核算方法，为科学、规范开展生态产品价值核算工作提供了重要依据。但从生态产品价值实现机制试点调研所反映的情况看，生态产品价值核算的指标选择、模型方法、参数选择、统计口径和技术手段等操作十分复杂，市县层面一般不具备独立开展生态产品价值核算的能力，往往需要委托第三方专业机构才能开展相关核算工作，但对第三方进行的生态产品价值核算工作委托往往是阶段性的，很难逐年进行动态核算，导致生态产品价值核算结果在市场交易、政府绩效考核、融资抵押等方面应用性不强，"结果算出来也没大用"情况突出。

第三节　生态产品经营开发水平较低，"优质不优价"普遍存在

生态产品经营开发水平是促进生态产品价值实现的关键和核心。当前，各地生态产品价值实现工作的重心普遍放在生态产品经营开发能力建设和提升上，围绕发展生态产业、建立市场交易平台、开展生态资源权益交易等工作全面发力，取得了积极进展和成效。但从生态产品价值实现机制试点地区来看，生态产品价值普遍较高，原生态、绿色、有机、高品质、国家地理认证等生态产品价值优势比较突出，不少生态产品价值居于同类型顶端位置，具备生态产品价值实现的巨大潜力。但生态产品资源丰富的地区往往是我国欠发达地区，生态产品经营开发水平普遍不高，其生态产品市场存在规模小、市场乱、品牌影响力低、市场竞争力弱等问题，以压低市场价格为代表的恶性竞争问题突出，直接销售生态产品原材料占比较高，面向终端消费者的产品占比较低，市场开拓能力不强，产品质量控制和溯源体系建设滞后，运用数字化手段促进生态产品价值实现的能力不强，促进生态产品价值实现的人才、资本和建设用地要素"短板"制约明显，碳汇、排污权、用能权、取水权等生态资源交易市场还不健全，生态资源权益规模较小，最终导致生态产品经营开发呈现"优质不优价"的突出问题。

第四节 生态保护补偿机制不健全，"保护补偿不能反映生态绩效"问题明显

　　健全生态产品保护补偿机制是政府促进生态产品价值实现的重要举措。近些年我国生态保护补偿机制建设取得重要进展，初步形成国家重点功能区转移支付制度、跨区域跨流域横向补偿、生态环境损害赔偿等多元化生态保护补偿格局，但也面临不少问题。从生态产品价值实现机制试点地区调研情况看，生态保护补偿机制主要存在以下问题。一是生态保护补偿标准有待进一步完善。生态保护补偿标准一直在不断完善过程中，当前生态保护补偿标准基本能够体现生态功能地位和保护需要，但是生态保护补偿标准比较僵化，不能及时有效反映生态绩效变动情况，不少地区为了保护生态环境付出了巨大代价，部分地区甚至为了生态保护背上沉重的地方政府债务负担，却没有因为生态产品价值提升而得到生态保护补偿增加的激励。二是横向生态补偿机制进展较慢。生态资源丰富地区的上下游毗邻地区财政状况往往不足以支撑开展横向生态保护补偿，而不接壤地区横向生态保护补偿却由于中间地区的存在而难以确定生态保护补偿标准和依据。三是流域上下游地区开展生态保护补偿，面临协调成本高、信息不对称、补偿形式单一等问题的挑战，相对成熟稳定可操作的横向生态保护补偿实施体系还未建立。

第五节　生态产品价值实现保障亟待提升，"政府主导强、市场运作弱"现象突出

政府主导、市场运作是生态产品价值实现的重要机制。从生态产品价值实现机制运行来看，政府主导作用突出在实施方案制定、生态保护投入、公共平台建设、标准规范研制、基础设施建设、生态执法等方面，但在法治保障、平台建设等方面依然有短板，具体表现有三点。一是法治保障建设有短板，围绕自然资源确权、重点生态功能区保护立法、横向生态保护补偿立法等方面的法治保障依然薄弱。二是生态资源监测平台、交易平台、质量追溯平台等平台建设依然存有短板，对生态产品价值实现的支撑力度不够。三是市场化运营水平有待提升，社会资本参与生态产品价值实现探索的积极性不高、总体规模不大，虽然各地围绕林权、宅基地、茶园、果园等开展了多种形式的绿色金融产品创新，但大多处于探索期，金融资本介入生态产品价值实现的规模很小，除江浙、北京等发达地区建立有生态公益基金外，大多数生态资源丰富地区的生态公益基金基本处于缺失状态。

第六节　生态产品价值实现推进抓手少，"仅仅给个试点帽子"情形普遍

生态产品价值实现推进机制是促进生态产品价值实现的重要抓手。生态产品价值实现机制试点是国家和地方推动生态产品价值实现机制的"试验田"，生态资源丰富、生态特色突出的地区，最具备生态产品价值实现潜力。从生态产品价值实现机制试点的调研情况来看，虽然被赋予生态产品价值实现先行先试的权利，着力开展 1~3 个方向的重点探索，但试点地区普遍反映，作为试点仅是被冠以生态产品价值实现试点的"帽子"，大多缺乏相应的支持配套措施，既缺乏鼓励试点先行先试的具体政策支持，也缺乏试点普遍期待的资金项目支持，导致试点地区普遍反映试点批复前后没有太大变化，不知道怎么干、知道怎么干但缺乏政策和资金支持、没有政策明确允许就不敢干等现象十分突出，生态产品价值实现机制关键领域的改革创新探索进展缓慢，试点地区所产生的可复制、可推广的经验不及预期。

第八章

造成生态产品价值实现
难点堵点的深层次体制
机制原因

深刻剖析造成生态产品价值实现机制难点堵点的深层次原因是完善生态产品价值实现机制的前提。客观来看，造成生态产品价值实现机制难点堵点的原因是多方面的，包括认知观念、市场建设、实施保障等方面，但根本上是我国生态产品价值实现机制的基础条件和制度环境不健全，深层次体制机制痼疾依然存在。

第一节　地方政府对生态产品价值实现机制的认知有待提高

"绿水青山就是金山银山"理论深刻阐述了生态保护与经济发展的辩证关系，揭示了良好生态环境蕴含着巨大的经济价值，为我国社会主义生态文明建设和中华民族可持续发展提供了理论支撑，为我国生态产品价值实现机制提供了方向指引。但长期以来，我国树立了以经济增长为核心目标的政策制度框架体系，增长导向观念深入人心、惯性较大，对生态环境保护及增长质量重视程度有待提升，"绿水青山就是金山银山"意识淡薄、办法不多。

一是对生态产品价值实现机制缺乏科学认知。由于当前生态产品价值实现机制仍然不成熟，生态产品价值转化通道不畅、转化效率不高的问题十分突出，生态产品价值实现需要的周期长、要求高，生态保护收益往往需要多年后才能彰显，这种"眼前的受损"和"未来的收益"之间的不确定性、受损者成本和受损者收益之间的不匹配（杨艳等，2020），导致不少领导干部对生态产品价值实现机制的"内心低认同"。"绿水青山就是金山银山"在实施过程中存在该现象——口号喊得震天响、落实起来行动力不够，思想认识不到位，导致很难全身心投入探索生态产品价值实现机制，推动将资源优势转化为经济优势。

二是对生态产品价值实现机制重视程度不高。党的十八大以来，我国生态文明建设进程加快，地方政府普遍把生态环境保护和建设摆在突出位置，但在实际发展过程中，生态保护让位于经济社会发展现象依然存在。特别是2023年后经济下行压力加大，一些干部为了完成经济增长目标，往往把生态保护放在经济发展之后，积极争取"上马"一些排放大、耗能高、带动强的项目，而对生态产品价值实现这一见效慢的项目并不重视。

第二节　政府与市场在促进生态产品价值实现机制过程中都存在短板

政府和市场在促进生态产品价值实现机制过程中都表现出诸多不足，对生态产品价值实现支持力度不够，是生态产品价值实现进展缓慢的重要原因。

一是政府对生态产品价值实现力度的支持不够。政府支持生态产品价值实现的途径主要是通过财政转移支付和直接购买生态产品，实践过程中面临支持力度不够、资金使用效率不高的问题。生态补偿范围过窄、补偿资金来源过窄、补偿方式单一等问题突出。一方面国家重点生态功能区内仍有部分生态敏感区尚未被纳入生态补偿政策范围，另一方面部分生态功能区由于涉及多个政策、管理部门而出现重复立项、重叠补偿的问题，导致资金配置效率不高。此外，农产品主产区等生态空间存在漏补现象（杨艳等，2020）。从生态补偿资金来看，大部分依靠中央财政转移支付，企业投入、社会捐赠、银行贷款等较少，以对赌协议、对口协作、产业转移、人才培训、共建园区等为代表的横向转移支付在实践中更少，导致资金缺口大。

二是市场主导的生态产品价值实现机制不畅。市场主导的生态产品价值实现途径主要包括生态资源产业化经营和生态资产市场化运作，但当前这两类投资回报周期普遍较长，回报率不高，其原因主要是没有建立从根本上激励地方政府和市场主体自主保护生态环境和促进生态产品价值实现的内生机制。比如，以政府牵头为主的碳排放权交易、排污权交易、用能权交易等市场化、透明化程度有待提高，地区之间交易政策、衡量标准、监督主体等方面差异大，交易成本高，阻碍了交易资源在更大范围内优化配置。

第三节 生态产品价值实现机制的基础性制度还很不完善

生态产品价值实现是一项系统工程，需要的基础性制度政策环境作为支撑，但实际来看，我国生态产品价值实现基础性制度政策仍有不少短板。

一是生态资源产权制度体系不健全。稀缺且同时具有明确产权的生态资源才有可能顺畅转为生态资产，并进一步促进生态产品价值实现。河流、森林等生态系统由于具有流动性和跨区域特征，无法清晰界定产权关系，现行生态管理体制下的属地管理造成河流上下游沟通不畅，市场化补偿和横向转移支付都比较困难。比如，水权交易需要清晰的水资源产权为基础，但《水法》规定水资源属于国家，而不少地区的水资源使用权分配仍处于探索阶段，水权权利还未全面确定，水权市场交易自然就难以推进，进而影响了水资源生态产品价值实现。

二是资源有偿使用制度和生态补偿制度不健全。虽然党的十八大以来，我国开展了一系列资源环境价格机制改革，社会各界对生态补偿机制认知提升，但资源有偿使用制度和生态补偿制度仍有待进一步健全和完善。资源有偿使用制度存在监管力度不足、市场作用发挥不够、所有权人不到位和权益不兑现等问题。生态补偿制度存在形式单一、覆盖面不全、监测和管理多头等问题，导致补偿监督考核难度高、补偿不到位等问题。

三是生态价值评估和核算制度不健全。关于资源统计问题，常态化的生态资源统计制度尚未建立，导致统计主导部门、统计口径的确定、统计时间的划分、统计标准的统一等还没有形成共识，加上生态资源统计投入不足、手段落后和缺乏有效检验监督，导致生态资源统计质量难以保障。关于资源价格问题，由于生态资源市场发育不足，导致生态资源价格机制尚未完全形成，导致生态资源价值易被扭曲。关于价值核算问题，由于生态资源产权不清晰、标准操作难度大等，导致实际生态价值核算的主观性突出。

四是生态产品信用制度和生态产品标准体系不健全。生态产品信用制度缺失，生态产品品牌认证机构繁杂，缺乏统一权威认证机构，导致生态产品和生态服务缺乏标准，各类绿色生态产品标识充斥市场，生态产品的市场辨识度不高，不利于生态产品市场的培育，进而影响生态产品价值有效实现。

第四节　生态产品价值实现机制的支撑保障仍很欠缺

　　生态产品价值实现在理论研究支撑、政策支撑、要素支撑和数据支撑等相关支撑保障方面仍比较薄弱。

　　一是理论研究支撑不足。生态产品价值实现涉及的范围广、领域多、内容复杂，当前生态产品价值实现相关理论不能满足实践需求。比如湿地、海洋等生态资源理论研究进展缓慢，导致难以进行产权界定和市场定价。生态资产产权理论研究滞后，与实践需求有所脱节。生态产品价值如何实现常态化核算并与国民经济体系有效衔接的相关研究也比较滞后，导致生态产品价值核算进展缓慢。

　　二是政策支持力度不够。当前我国针对生态产品价值实现机制的财税、土地、产业、金融等系统性政策支持体系尚未完全形成，部分已有政策偏重方向性和笼统性，缺乏可操作性"含金量高"的政策体系支持，尤其是对生态资源富集地区的生态保护支持政策多、产业支持政策相对不足，一定程度上制约生态产品价值实现。

　　三是要素投入保障不足。一方面，生态产品价值实现在确权登记、价值核算、交易市场建设、市场秩序维护等方面需要大量设备、技术和专门资金支持，而当前的资金投入难以满足生态产品价值实现的现实需求。另一方面，生态产品价值实现需要大量专业人才培养和支持，这些人才储备和使用也不能满足生态产品价值实现的现实需求。

四是基础数据支撑不力。生态产品价值核算需要自然资源、生态环境、水利等部门的支持，但这些部门间的统计口径往往不一致，且存在明显的数据封锁不共享和时效性较差的问题，导致无法精准及时反映生态产品价值，当前基础数据的完整性、准确性和及时性都出现对生态产品价值实现的支撑和保障不力的问题。

第九章

建立健全生态产品价值
实现机制的重大举措

建立健全生态产品价值实现机制，要聚焦生态产品价值实现机制的难点痛点，从着力破解深层次体制机制原因着手，构建有利于完善生态产品价值实现机制的措施体系。

第一节　激发地方政府促进生态产品价值实现的内在动力

发挥中央政府统筹引领、政策制定和宏观调控作用，持续完善生态产品价值实现机制的顶层设计，激发地方政府促进生态产品价值实现的内在动力。一是持续加大对地方政府的生态转移支付力度，以及对生态改善明显地区的生态保护补偿力度，提升生态优势地区的生态经济考核占比，将地方 GEP 纳入考核体系，稳步推进 GDP 和 GEP 的双考核制度，引导地方政府形成对促进生态产品价值实现工作的高度重视。二是引导设立跨行政区域的生态产品价值实现机制试点，鼓励地方政府在保障生态安全的前提下围绕促进生态产品价值实现大胆试、勇敢闯，给地方政府促进生态产品价值实现"松绑减压"。三是建立健全生态保护补偿机制、生态产品产权机制、生态环境损害赔偿机制、生态产品市场交易机制，推动形成全社会共同推进生态产品价值实现的良好氛围，为地方政府促进生态产品价值实现提供良好环境支撑。

第二节 多层次构建促进生态产品价值实现的市场化机制

　　建立健全高度发达的市场化机制是生态产品价值实现的关键，这也关系到生态产品价值实现能否行稳致远。一是组建国家生态金融机构，设立政策性生态银行，可先在国家开发银行设立生态银行部，开展生态产品的金融产品供给，待条件成熟后设立国家生态银行。二是建立健全国家生态产品权益交易市场，培育壮大全国碳交易市场，推动设立排污权、水权、用能权的生态产品权益交易市场。三是鼓励设立生态产业基金，政府投资并引导社会资本广泛参与，支持生态产品开发融资，引导金融机构开展绿色金融业务，开展绿色信贷和绿色金融产品创新，加大对生态产品经营项目的财税和长期信贷支持力度，鼓励各类投资进入生态产品市场。四是积极培育"生态+"新型业态，培育家庭农林场、股份制农林场、生态合作组织、生态工商企业等新型生态产品经营主体。五是拓展生态产品资产证券化路径，支持品牌附加值高、盈利能力稳定、产业带动能力强、示范意义突出的优质生态项目发行绿色债券和资产支持证券，完善证券发行、承销和交易机制，为生态产品经营项目的市场化运作提供产权认证、交易以及投融资服务（孙博文，2023）。

第三节　建立符合国情特点的生态产品价值实现基础制度

生态产品价值实现的基础制度供给是制约当前生态产品价值实现的短板，必须加快建立符合国情和时代需要的生态产品价值实现基础制度。一是建立中国特色自然资源资产产权制度，以调查监测和确权登记为基础，处理好国家所有、集体所有与个人之间的自然资源产权关系，加快构建系统完备、科学规范、运行高效的中国特色自然资源资产产权制度体系。二是建立健全生态产品价值核算评价机制，综合运用卫星遥感、影像监测、大数据等现代信息手段，建立科学高效的生态产品价值核算和评价技术方法和生态产品价值核算评价结果认证制度。三是建立自然资源有偿使用制度，加快资源环境税费制度改革，探索征收生态补偿税。四是加强生态信用制度和生态产品体系建设，加快建立统一的生态产品标准、认证、标识等体系，完善对生态产品研发生产、运输配送、购买使用的财税金融支持和政府采购政策。

第四节　建立健全促进生态产品价值实现的支撑保障体系

生态产品价值实现离不开相关理论的创新指导、国家政策的有力支持、监测统计制度的基础支撑和要素的保障支持，必须建立体系化支撑保障制度。一是加强生态产品价值实现相关理论研究，重点加强关于自然资源产权、市场化生态补偿、生态环境损害赔偿等的理论研究，加快破解生态产品价值实现的根本性难题。二是加大政策支持力度，建立健全的基于主体功能区的差别化政策支持和分类考核体系。加大对重点生态功能区转移支付力度，建立健全流域横向生态补偿机制，完善森林、湿地、耕地等生态资源补偿标准。实施生态产业税收优惠政策，对生态保护区、生态敏感区、生态脆弱区的生态产品实行零税负。建立健全绿色金融支撑体系，引导资金投入向生态产业或生态友好型产业倾斜，探索建立财政贴息、助保金等生态信贷扶持机制。三是完善生态监测调查机制，完善绿色统计调查制度，加快生态产业、生态就业、生态金融、生态技术、生态税收统计工作。四是加大要素支持力度，建立生态领域稳定财政支持资金，建立生态保护成效与转移支付资金挂钩的激励机制；加大生态资源确权登记、资产核算及管理等人才培养、引进力度，构建支撑生态产品价值实现的强大专业人才队伍。

第十章

建立健全生态产品价值
实现机制的政策建议

建立健全生态产品价值实现机制是一项长期复杂系统工程，为了更好促进《关于建立健全生态产品价值实现机制的意见》（后称"《意见》"）实施，本章围绕建立支撑生态产品价值实现的技术体系、市场体系和政策体系，从国家层面、省级层面、市县层面和市场层面分别提出促进生态产品价值实现的政策建议。

第一节　国家层面加强指导和支持，健全促进生态产品价值实现的长效机制和政策体系

国家层面要建立健全促进生态产品价值实现的长效机制和支持政策体系，国家发展改革委要进一步发挥统筹协调作用，在第一批国家试点基础上，建议选择长江流域、黄河流域、珠江流域、海河流域等重大流域沿线具备条件的地区和跨省级行政区的重点生态功能区作为第二批国家试点，支持探索开展多元化生态产品价值实现路径；开展生态要素市场化改革，出台生态要素市场化改革一揽子措施，推动生态要素市场化改革进程；设立生态产品价值实现专项支持资金，加强对生态产品价值实现重大关键领域的支持力度；牵头制定支持试点地区先行先试的政策体系，切实推动试点地区大胆探索、勇于创新；加强生态产品价值实现国际交流，支持地方政府建立国际合作机制，借鉴学习符合我国国情特点的好政策、好做法、好机制，向全球讲好生态产品价值实现的中国故事。自然资源部要完善

自然资源确权登记办法，加快推进自然资源确权登记进程，优先推进重点生态功能区和试点地区的自然资源确权登记；在确保生态红线的前提下，对试点地区配置一定的生态产业用地空间和建设用地指标；深化林草改革，赋予林农和草场经营者更加充分的财产权益。生态环境部要建立针对生态产品价值实现的环境行政许可制度，对生态产品价值实现的重大项目开展风险评估，对开展低环境风险的生态产品价值实现活动发放行政许可证。财政部要建立更加精准有效的纵向生态保护补偿机制，依据各省生态产品价值核算变化情况，动态调整纵向生态保护补偿标准和额度，确保纵向生态保护补偿能够体现"生态改善绩效"。中国人民银行要加大对试点地区的绿色金融覆盖和支持力度，创新试点地区绿色金融产品，建立健全生态产品的融资担保服务。中央媒体要加大对试点地区的公益宣传力度，协助试点地区塑造高价值区域公共生态品牌，宣传推广试点地区的好经验、好做法。

第二节 省级层面细化方案和行动，汇聚促进生态产品价值实现的强大合力

省级层面要切实履行"负总责"的角色定位，一是细化实化生态产品价值实现机制的实施方案，成立工作专班，科学遴选不同类型试点，统筹调度各方要素资源，下沉一线解决试点突出问题和困难，指导帮助推进试点工作。二是强化关键领域支持，负责全省县级单元的生态产品价值核算，牵头负责重要生态产品的分级分类标准体系建设，指导、支持建立具有重大影响力的区域公共生态品牌，组织开展跨省域的横向生态补偿，完善促进生态产品价值实现的地方法规体系。三是加强保障支持，将生态产品价值实现工作推进情况作为评价市县党政领导班子和有关部门领导干部的重要参考，建立试点地区生态产品价值实现工作的督导机制，引导国家和省级政策、资金集中向试点地区倾斜，强化要素保障部门在用地、用钱、用林等方面给予试点地区发展生态产业的支持力度。

第三节　市县层面推动落实和创新，鼓励开展多种多样的生态产品价值实现探索

市县层面要在主抓落实的基础上增强主动创新能力，围绕国家《意见》和省级部署，探索符合自身特点的生态产品价值实现路径。一是找准生态产品价值实现的突破口，坚持小切口突破，以最具有增值潜力的一类或几类生态产品为主，率先建立产品分级分类体系，借助主流媒体和电商平台集中打开生态产品市场和销路，建立高价值的区域公共生态品牌，构建具有重要影响力的生态特色产业体系。二是建立政府与市场共担风险、共享红利的同频共振机制，按照先易后难、先舍后得的原则，政府以改善生态环境质量、完善设施体系进行投入并分享生态产品价值实现带来的收益，鼓励市场积极参与生态产品价值实现活动。三是借助区域外部力量，利用横向转移支付、对口合作、承接产业转移等机制，与发达地区联合探索开展"生态产业飞地园区"建设，积极对接引入符合本地生态产品发展方向的头部企业或资本，推动生态科技成果落地转化，加强生态科技人才和生态产业发展经验交流。

第四节 建立健全市场化运作机制，使市场在生态产品价值实现中发挥决定性作用

建立健全促进生态产品价值高效转化的市场体系是生态产品价值实现机制的核心。一是建立健全生态权益市场，促进全国碳排放权交易市场扩容，稳步推进国家碳汇市场试点建设，依托长江、黄河等国家重大区域战略建立流域沿线地区的用水权、排污权交易市场，探索推进用能权跨区域交易配置。二是建立健全资源产权流转平台，根据不同地区生态产品特点，建立林地、水域、茶园、果园等特色资源产权流转平台，推动生态资源的所有权、使用权、经营权、收益权等产权高效流转，获取生态产品价值增值收益。三是因地制宜发展特色生态产业，建立生态产业发展"链长制"，引导设立市场化生态产业发展基金，建立生态产品质量追溯体系，拓展生态产品产业、价值链，推动生态产业向品牌化、标准化、融合化方向升级，构建具有强大竞争力的特色产业集群。四是创新绿色金融产品，完善对水资源、林地、茶园、果园、草场等生态产品的确权机制，增强金融机构依法依规对生态产品的产权处置和变现能力，鼓励开发基于生态产品的特色金融产品，盘活生态资源存量资本并转化为收益。

参考文献

[1] WANG R，TAN R. Patterns of rural collective action in contemporary China：An archetype analysis of rural construction land consolidation[J]. Journal of Rural Studies，2020，79：286-301.

[2] 陈岳，伍学龙，魏晓燕，等 . 我国生态产品价值实现研究综述 [J]. 环境生态学，2021，3（11）：29-34.

[3] 陈清，张文明 . 生态产品机制实现路径与对策研究 [J]. 宏观经济研究，2020（12）：133-141.

[4] 樊轶侠，王正早 . "双碳"目标下生态产品价值实现机理及路径优化 [J]. 甘肃社会科学，2022（4）：184-193.

[5] 高晓龙，程会强，郑华，欧阳志云 . 生态产品价值实现的政策工具探究 [J]. 生态学报，2019，39（23）：8746-8754.

[6] 耿海清 . 生态产品价值实现机制若干关键问题探析 [J]. 环境保护，2023（22）：35-37.

[7] 何林源 . 生态产品价值实现政策的发展历程 [J]. 浙江农业科学，2023，64（4）：985-991.

[8] 靳诚，陆玉麒 . 我国生态产品价值实现研究的回顾与展望 [J]. 经济地理，2021，41（10）：207-212.

[9] 李宏伟，薄凡，崔莉 . 生态产品价值实现机制的理论创新与实践探索 [J]. 治理研究，2020（4）：34-42.

[10] 李维明，杨艳，谷树忠等 . 关于加快我国生态产品价值实现的建议 [J]. 发展研究，2020（3）：61-65.

[11] 李维明，俞敏，谷树忠，高世楫．关于构建我国生态产品价值实现路径和机制的总体构想 [J]. 发展研究，2020（3）：66-71.

[12] 李燕，程胜龙，黄静，等．生态产品价值实现研究现状与展望 [J]. 林业经济，2021（9）：75-85.

[13] 李肇桀，陈博，梁宁．水利视角下新安江流域生态保护补偿机制改革：十年探索与思考 [J]. 水利发展研究，2023，23（11）：23-27.

[14] 李忠，党丽娟．生态产品价值实现的国际经验与启示 [J]. 资源导刊，2019（9）：52-53.

[15] 刘伯恩．生态产品价值实现机制的内涵、分类与制度框架 [J]. 环境保护，2020，48（13）：49-52.

[16] 刘建华，崔国行．生态产品价值的逻辑起点、理论内涵与实现策略 [J]. 价格理论与实践，2024（3）：56-63.

[17] 刘江宜，牟德刚．生态产品价值及实现机制研究进展 [J]. 生态经济，2020，36（10）：207-212.

[18] 马永欢，吴初国，曹庭语，等．对我国生态产品价值实现机制的基本思考 [J]. 环境保护，2020（1）：68-71.

[19] 秦国伟，董玮，宋马林．生态产品价值实现的理论意蕴、机制构成与路径选择 [J]. 中国环境管理，2022，14（2）：70-75，69.

[20] 丘水林，靳乐山．生态产品价值实现：理论基础、基本逻辑与主要模式 [J]. 农业经济，2021（4）：106-108.

[21] 仇晓璐，赵荣，陈绍志．生态产品价值实现研究综述 [J]. 林产工业，2023，60（12）：79-84.

[22] 任耀武，袁国宝．初论"生态产品" [J]. 生态学杂志，1992，11（6）：48-50.

[23] 沈辉，李宁．生态产品的内涵阐释及其价值实现 [J]. 改革，2021（9）：145-155.

[24] 宋昌素．生态产品价值实现：现实困境与路径机制 [J]. 行政管理改革，2023（9）：43-51.

[25] 孙博文．建立健全生态产品价值实现机制的瓶颈制约与策略选择 [J]. 改革，2022（5）：34-51.

[26] 孙博文．建立生态产品价值实现机制："五难"问题及优化路径 [J]. 天津社会科学，

2023（4）：87-97.

[27] 孙博文，彭绪庶．生态产品价值实现模式、关键问题及制度保障体系 [J]．生态经济，2021，37（6）：13-18.

[28] 孙庆刚，郭菊娥，安尼瓦尔·阿木提．生态产品供求机理一般性分析：兼论生态涵养区"富绿"同步的路径 [J]．中国人口·资源与环境，2015，25（3）：19-25.

[29] 完颜素娟，王翊．外部性理论与生态补偿 [J]．中国水土保持，2007（12）：17-20.

[30] 王金南，王志凯，刘桂环，等．生态产品第四产业理论与发展框架研究 [J]．中国环境管理，2021（4）：5-13.

[31] 王夏晖，朱媛媛，文一惠，等．生态产品价值实现的基本模式与创新路径 [J]．环境保护，2020（7）：14-16.

[32] 温铁军，罗士轩，马黎．资源特征、财政杠杆与新型集体经济重构 [J]．西南大学学报：社会科学版，2021，47（1）：52-61，226.

[33] 吴丰昌．国内外生态产品价值实现的实践经验与启示 [J]．发展研究，2023（3）：1-5.

[34] 谢花林，陈倩茹．生态产品价值实现的内涵、目标与模式 [J]．经济地理，2022，42（9）：147-154.

[35] 徐桂华，杨定华．外部性理论的演变与发展 [J]．社会科学，2004（3）：26-30.

[36] 徐浩庆，许尚坤，李维峰．马克思主义政治经济学视角下生态产品价值研究 [J]．学习与探索，2023（10）：107-114.

[37] 杨艳，李维明，谷树忠，王海芹．当前我国生态产品价值实现面临的突出问题与挑战 [J]．发展研究，2020（3）：54-59.

[38] 于丽瑶，石田，郭静静．森林生态产品价值实现机制构建 [J]．林业资源管理，2019（6）：28-31.

[39] 俞敏，李维明，高世楫，等．生态产品及其价值实现的理论探析 [J]．发展研究，2020（2）：47-56.

[40] 曾贤刚，虞慧怡，谢芳．生态产品的概念、分类及其市场化供给机制 [J]．中国人口·资源与环境，2014，24（7）：12-17.

[41] 曾贤刚．生态产品价值实现机制 [J]．环境与可持续发展，2020（6）：89-93.

[42] 詹琉璐，杨建州．生态产品价值及实现路径的经济学思考 [J]．经济问题，2022（7）：19-26.

[43] 张二进 . 回顾与展望：我国生态产品价值实现研究综述 [J]. 中国国土资源经济，2023（2）：51-58.

[44] 张丽佳，周妍 . 建立健全生态产品价值实现机制的路径探索 [J]. 生态学报，2021，41（19）：7893-7899.

[45] 张林波，虞慧怡，郝超志等 . 生态产品概念再定义及其内涵辨析 [J]. 环境科学研究，2021，34（3）：655-660.

[46] 张文明 . 完善生态产品价值实现机制 [J]. 宏观经济管理，2020（3）：73-79.

[47] 赵毅，周秦，袁新国等 . 国土空间规划引领生态产品价值的实现路径 [J]. 城市规划学刊，2022（5）：59-66.

[48] 新华社 . 中共中央办公厅 国务院办公厅印发《关于建立健全生态产品价值实现机制的意见》[EB/OL]. （2021-04-26）[2024-10-18]. https://www.gov.cn/zhengce/202203/content_ 3635487.htm.

[49] 朱新华，贾心蕊 . "权释"生态产品价值实现机制：逻辑机理与政策启示 [J]. 自然资源学报，2024，39（9）：2029-2043.

后　记

　　生态产品价值实现机制建设是一项复杂的系统工程，建立健全新时代中国特色生态产品价值实现机制对于践行习近平生态文明思想和促进"绿水青山"向"金山银山"转化具有重要意义。本书尝试从生态产品价值理论探讨入手，结合我国生态产品价值实现实践案例，提出建立健全我国生态产品价值实现机制的对策建议。

　　本书的撰写依托国家发展和改革委员会宏观经济研究院的基础课题，在撰写过程中，感谢国家发展和改革委员会经济研究所学术委员会提出的宝贵意见和建议，感谢云南省发展和改革委员会、黄山市发展和改革委员会、北京市密云区发展和改革委员会、祁门县人民政府、休宁县人民政府、歙县人民政府、丽水市发展和改革委员会等地方政府和部门在实地调研、资料提供等方面的大力支持。

　　生态产品价值实现机制涉及范围广、领域多，需要政府、企业、社会等的共同发力，希望本书能够丰富我国的生态产品价值实现机制研究，为地方开展生态产品价值实现实践提供决策支持。由于个人储备和学识所限，本书难免有不妥之处，敬请读者批评指正。

图书在版编目（CIP）数据

新时代生态产品价值实现机制理论与实践探索 =
Theoretical and Practical Exploration of Mechanism
for Realizing the Value of Ecological Products in
the New Era / 王利伟著 . -- 北京：中国城市出版社，
2024. 11. -- ISBN 978-7-5074-3777-5

Ⅰ . F062.2

中国国家版本馆 CIP 数据核字第 2024M7Z036 号

本书提供全书图片的电子版（部分图片为彩色）作为数字资源，读者可使用手机 /
平板电脑扫描右侧二维码后免费阅读。

操作说明：

**扫描右侧二维码 → 关注"建筑出版"公众号 →点击自动回复链接 → 注册用户并
登录 → 免费阅读数字资源。**

注：数字资源从本书发行之日起开始提供，提供形式为在线阅读、观看。如果扫
码后遇到问题无法阅读，请及时与我社联系。客服电话：4008-188-688（周一至周五
9：00—17：00），Email：jzs@cabp.com.cn。

责任编辑：李成成
责任校对：赵　力

新时代生态产品价值实现机制理论与实践探索
Theoretical and Practical Exploration of Mechanism for Realizing the Value of Ecological
Products in the New Era
王利伟　著
*
中国城市出版社出版、发行（北京海淀三里河路 9 号）
各地新华书店、建筑书店经销
北京雅盈中佳图文设计公司制版
建工社（河北）印刷有限公司印刷
*
开本：787 毫米 ×1092 毫米　1/16　印张：8³⁄₄　字数：112 千字
2024 年 11 月第一版　2024 年 11 月第一次印刷
定价：**49.00 元**（赠数字资源）
ISBN 978-7-5074-3777-5
（904801）